Shaun Morey · Bin ich Angler oder was?

# Bin ich Angler oder was?

## Unglaubliche – aber wahre Geschichten

Müller Rüschlikon

Einbandgestaltung: Schlotterer & Partner, München

ISBN 3-275-01245-2

1. Auflage 1997



Text: Shaun Morey
Illustrationen: Jared Lee

Die Originalausgabe ist erschienen unter dem Titel
Incredible Fishing Stories

Deutsche Fassung:
Aus dem Englischen übersetzt von Frank Weissert



Lektorat: Frank Weissert
Herstellung: Hermann Lambrecht
Satz: Vaihinger Satz+Druck, D-71665 Vaihingen an der Enz
Druck und Bindung: Wilhelm Röck, D-74189 Weinsberg
Printed in Germany

# Widmung

Dieses Buch widme ich mehreren Menschen:

Meiner Mutter Patti, die mir im Alter von zwei Jahren eine Angelrute in die Hände drückte. Mit größerer Begeisterung geht sonst niemand fischen, den ich kenne.

Meinem Vater und liebsten Angelfreund Carter.

Meinem Bruder Drake, dem ich so viel verdanke. Er begleitet mich auf Reisen, spornt mich ständig an und ist mein bester Freund. Ohne ihn wäre dieses Buch nicht fertig geworden.

Und ganz besonders meiner Frau Alison. Sie glaubt an meine Träume und Hoffnungen und inspiriert mich durch ihr unendliches Vertrauen. Sie ist mein Schiff, mein Kompaß und meine wahre Liebe.

# Inhalt

## Teil I

## Bemerkenswerte Fänge

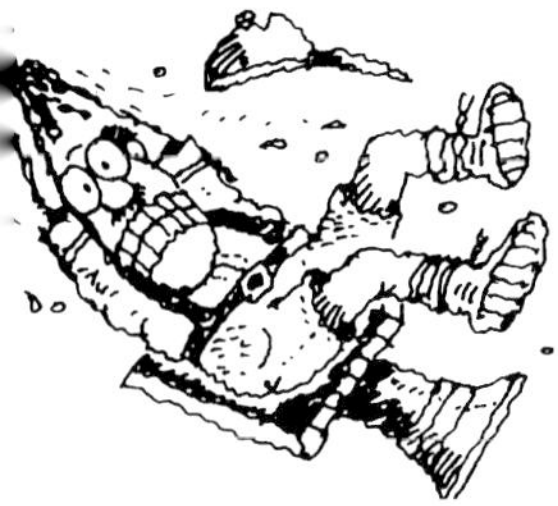

## Teil II
## Schreckliche Kämpfe

## Teil III
## Die Rache des Fischs

## Teil IV
## Legenden, Mythen und Rekorde

# Vorwort

Mein Anglerleben begann als Teenager beim Brandungsfischen am Ufer von Rocky Point in Mexiko, wo das Wasser bei Ebbe sehr flach war. Die Sonne ging gerade unter, als ein mysteriöser, großer Fisch meine Rute aus dem Rutenhalter riß, sie über den Strand und schließlich ins Wasser schleifte. Am nächsten Morgen ging ich auf der Suche nach Fischen am Ufer entlang – und entdeckte meine wieder angeschwemmte Rute. Es war ein Gefühl, als wollte mich der Fisch zu einem zweiten Versuch ermuntern.

*Bin ich Angler – oder was?* ist eine Sammlung von denkwürdigsten Ereignissen beim Angeln: Dave Romeos Fang von 3001 Schwarzbarschen in drei Monaten; die Kraftprobe zwischen Angelboot und Flugzeugträger, die schließlich mit dem Fang des ersten 1000pfündigen Blue Marlins im Pazifik endete oder Bob Smiths lebenslanges Bestreben, wenigstens einen Fisch jeder wilden Salmonidenart Nordamerikas zu fangen.

Die Sammlung enthält skurrile Fänge wie die beiden jeweils über elf Pfund schweren Schwarzbarsche an einem Wobbler gleichzeitig; den 1600pfündigen, ohne Angel mit der Harpune gefangenen Hammerhai oder den vom Surfbrett aus gelandeten Marlin.

Da gibt es gnadenlose Kämpfe, die Angler und Fisch auf die Probe stellten. Dazu zählt Bob Ploegers 37stündiger Kampf mit einem Pazifik-Lachs im Kenai-Fluß von Alaska. Dazu gibt es Geschichten von angreifenden Fischen, von über Bord gegangenen Anglern oder von Gefahren durch andere Lebewesen – etwa einer Klapperschlange im Boot, einem Braunbär, der es auf einen gehakten Lachs abgesehen hat sowie dem Krokodil mit dem harmlosen Namen »Sweetheart«.

Sie werden von der Fledermaus an der künstlichen Fliege oder der Katze lesen, die ihr Futter zu nah am Wasser suchte. Sie erfahren, wie sich der abgetrennte Daumen eines Anglers im Magen eines Saiblings wiederfand und warum eine Mappe voll Geld statt einem Zander am Haken hing.

Das Buch repräsentiert die Arbeit von zehn Jahren, in denen ich mit Anglern gesprochen habe, Fotos und Videobänder sammelte und alles auf seinen Wahrheitsgehalt überprüfte. Ich legte Tausende von Kilometern zurück, von Alaska nach Australien, von Mexiko bis in die Karibik und von Küste zu Küste der USA. Auf den Reisen lernte ich Hunderte faszinierender Menschen kennen. Es war eine ganz besondere Erfahrung.

Natürlich setze ich meine Suche nach Geschichten fort. Wenn Sie selbst ein unglaubliches Erlebnis beim Fischen hatten oder von einem Abenteuer wissen, dann würde ich mich über eine kurze Beschreibung freuen. Vergessen Sie nicht, Ihre Adresse zum Rücksenden der Unterlagen sowie Ihre Telefonnummer anzugeben.

Helfen Sie mit, unsere liebste Freizeitbeschäftigung weiter gedeihen zu lassen. Nehmen Sie auch junge Angler zum nächsten Angelausflug mit. Denn ohne die nächste Generation stirbt unser Hobby vielleicht aus.

*Viel Glück beim Fischen wünscht Ihnen*
*Shaun Morey*

# Bemerkenswerte Fänge

# Der Bär an der Angel

Dr. John Craighead studiert schon über 30 Jahre lang das Leben der Bären. Er gilt weltweit als führender Experte in der Verhaltensforschung und zeichnete sich als Pionier im Fang der Tiere mit anschließender Farb-Markierung sowie ihrer Verfolgung mittels einem umgehängten Sender aus. Craighead ist auch ein begeisterter Angler, weshalb der Fang eines Bären an Rute und Rolle kaum überraschte.

Es geschah in Alaska im Sommer 1980, als der Wissenschaftler mit seiner Tochter Karen in der Nähe eines Wasserfalls am Brooks River stand. Sie wollten Bären auf ihrer Jagd nach zum Laichen in das Gewässer aufsteigenden Lachsen beobachten. An diesem Morgen ließ sich jedoch kein Bär blicken, weshalb Craighead zur Angel griff und Sockeye-Lachse für das Abendessen fangen wollte.

»Wir angelten an einer Stelle, wo sich normalerweise Braunbären zum Lachsfang versammeln«, erzählte Craighead. »Die Lachse wandern den Fluß hinauf, wobei der Wasserfall vorübergehend ihre Reise unterbricht.

***Dr. John Craighead am Brooks River in Alaska beim Tauziehen mit einem Braunbären, der aus dem Wald an den Fluß kam und den Lachs schnappte, der dem Forscher kurz zuvor an den Haken ging. Die Geräusche des schlagenden Fischs und der Angelrolle lockten den Petz offenbar an.***

Foto: Karen Craighead

Jetzt lassen sie sich von den Bären leichter fangen und wir können die großen Raubtiere dabei beobachten.«

Schnell landete Craighead zwei Fische und drillte gerade einen dritten, als etwa 90 Meter stromabwärts ein Braunbär am Waldrand erschien. Das Tier sprang ins Wasser und watete im Fluß.

»Mit den Jahren lernten die Bären, daß das Geräusch eines schlagenden Fischs oder das Knarren einer Angelrolle eine leicht zu erreichende Beute signalisieren«, erklärt Craighead.

***» Ich hatte etwa 30 Sekunden lang Kontakt mit dem Bären, aber keine Chance. Sobald das Tier das Ufer erreichte, zog ich die Rollenbremse zu und riß die Schnur ab. «***

»Die Tiere tauchen dann plötzlich vor dem zu Tode erschrockenen Angler auf, vielleicht sogar einem Touristen aus einem anderen Land, der das Verhalten der Bären nicht kennt. Er wirft wahrscheinlich seine Angel weg und zieht sich schnell zu den Bäumen zurück. Der gerade gefangene Fisch bleibt am Ufer liegen.«

Jetzt stieg der Bär wieder aus dem Wasser und trottete auf Craighead und seine Tochter zu. Der Geruch der bereits gelandeten Fische lockte ihn an, weshalb sie Karen in eine Plastiktüte wickelte und in Craigheads Rucksack verstaute.

»An unserer Angelstelle war das Wasser etwa sechs Meter tief. Hinter uns gab es nur einen undurchdringlichen Dschungel aus Erlen und Tannen, weshalb der einzig mögliche Weg am Ufer entlang genau auf den Petz zuführte. Ich sagte Karen, daß sie hinter mir bleiben und die Kamera bereithalten soll.«

Der gehakte Lachs war schon mehrmals gesprungen, blieb aber noch immer stromabwärts stehen. Inzwischen ging der Bär weiter am Ufer entlang und sprang etwa 25 Meter von den Craigheads entfernt wieder in die Fluten.

Er verfolgte den Lachs, griff ihn mit der Tatze und schwamm zum Ufer zurück. Craigheads Rute bog sich durch und die Rolle kreischte in den hellsten Tönen.

»Ich hatte etwa 30 Sekunden lang Kontakt mit dem Bären, aber keine Chance«, sagte Craighead. »Sobald das Tier das Ufer erreichte, zog ich die Rollenbremse zu und riß die Schnur ab.«

Der Bär trottete ins dichte Unterholz und begann mit seinem frischen Mahl. Die Craigheads sammelten hastig ihre Ausrüstung ein und eilten am Ufer entlang flußabwärts, zwangsläufig auf Höhe des Bären vorbei.

»Ich wollte nur weg von hier, bevor das Tier mit unserem Lachs fertig war und sich dann für unseren Fang in meinem Rucksack interessierte. Und wir hatten für den Weg nur wenig Zeit. Als wir am Freßplatz des Bärs vorbeikamen, hörten wir sogar sein Schmatzen.«

Das Lager lag einen halben Kilometer entfernt hinter einem dichten Tannen- und Erlenwald. Den Weg legten die Craigheads in einer Rekordzeit zurück.

»Als der Bär das erste Mal auftauchte, fühlte ich, daß er etwas zum Fressen suchte«, erzählte Craighead. »Dabei hielt ich ein aggressives Verhalten oder das Vorbereiten eines Angriffs für ausgeschlossen. Allerdings sind Bären unberechenbar. Vielleicht hat uns der dritte Lachs das Leben gerettet, denn sonst hätte sich der Bär wohl für unsere bereits gelandeten Fische entschieden und uns war der Fluchtweg versperrt.«

# Zwei kapitale Barsche auf einen Köder

Es war ein Vatertag, den Mike Bledsoe wohl nie vergißt. Mit seinem acht Jahre alten Sohn Jacob ging er an dem Juni-Morgen 1993 einen Tag zum Angeln auf Schwarzbarsche an den in Kalifornien bei Ojai gelegenen Casitas-See. Noch vor Tagesanbruch schoben sie ihr fünf Meter langes Aluminium-Boot ins Wasser und fuhren über den See zu ihren Lieblings-Angelplätzen.

Sie fischten etwa eine Stunde, als Bledsoe seinen Wobbler über eine Untiefe im See warf und ihn langsam wieder einholte.

»Ich hatte die Kurbel erst ein paarmal gedreht und schon kam der Biß«, erzählte Bledsoe. »Ich konnte den großen Fisch genau erkennen, aber die Haken konnten beim Anhieb nicht fassen«.

Der Wobbler fiel aus dem Maul und schlitterte über die Wasseroberfläche. Bledsoe holte die lose Schnur ein, als der Fisch plötzlich erneut zustieß.

***Mike Bledsoe und sein Sohn Jacob mit zwei kapitalen Schwarzbarschen, die fast im selben Augenblick auf den gleichen Wobbler bissen. Der linke Fisch wog 12 amerikanische Pfund, der andere 11 Pfund 12 Unzen (10 Pfd. 440 g und 10 Pfd. 370 g).***

Foto: Mike Bledsoe

»Die Gischt sprühte nur so und wir konnten die Maße des gewaltigen Barschs erst jetzt richtig erkennen. Ich war der Meinung, daß der Haken sitzt und fühlte auch das Gewicht des Fischs. Aber dann ging noch ein Schlag durch die Rute. Ich drehte mich zu Jake um und fragte ihn, was wohl schiefgelaufen wäre. Denn so etwas hatte ich noch nicht erlebt.«

Bledsoe setzte reflexartig den dritten Anhieb, immer noch unsicher, ob er den sich so ungewöhnlich verhaltenden Barsch haken kann. »Jetzt spürte ich sein Gewicht allerdings richtig. Er flüchtete, ließ sich aber nicht an der Oberfläche blicken.« Bledsoe gab Jacob die Rute zum Einholen der Schnur und sagte ihm, er solle sich zum Keschern eines großen Barschs bereitmachen.

»Das Tier kämpfte zunächst hart. Aber lange nicht so spektakulär, wie ich es von so einem großen Fisch erwartete. Er ließ sich dann fast ohne Widerstand heranziehen.«

Bledsoe hoffte auf ein Gewicht von über zehn amerikanischen Pfund (etwa 4,5 Kilogramm). Er konnte schon viele Acht- und Neunpfünder landen, aber nur ein Barsch ab zehn Pfund ist wirklich kapital. Erst als der Fisch fast am Boot war, entdeckte der Angler den doppelten Fang: Zwei Fische an einem Wobbler – einer hing am vorderen, der andere am hinteren Drilling. Sie schwammen direkt nebeneinander, zwei große Barsche.

»Als ich ihre Größe sah, nahm ich wieder die Rute, lockerte sofort die Rollenbremse und erlaubte ihnen noch eine Flucht. Ich wollte sie auf keinen Fall verlieren.«

Doch die Flucht ging nicht weit und Bledsoe erhöhte wieder den Bremsdruck und führte die Barsche ans Boot. Jacob wartete inzwschen mit dem Kescher und schöpfte die Fische mit einem ruhigen Schwung ins Netz.

»Das hat Jake großartig gemacht«, sagte Bledsoe. »Allerdings reichte seine Kraft nicht aus, beide Fische ins Boot zu heben, weshalb ich die Rute zur Seite legte und wir den Fang mit vereinten Kräften landeten. Unsere Knie zitterten vor Aufregung.«

**Wußten Sie schon?**

***Der größte Fisch der Welt ist der Walhai. Er erreicht eine Länge bis zu 15 Metern bei einem Gewicht von mehr als 20 Tonnen.***

Sie setzten die Fische in den Wassertank im Boot und fuhren in den Hafen zurück, um die Fische offiziell wiegen zu lassen. Ein Barsch brachte 12 Pfund, der andere 11 Pfund und 12 Unzen (10 Pfd. 440 g und 10 Pfd. 370 g) auf die Waage. Beides kapitale Exemplare und mit nur einem Wurf gefangen.

»Wir konnten es nicht glauben. Bereits auf der Fahrt zurück zum Steg sahen wir immer wieder in den Tank zu den beiden Fischen. Jake und ich träumten wirklich von einem Zehnpfünder – aber nie von zwei großen Fischen auf einmal.«

Heute kann man das Duo präpariert an einer Wand in Bledsoes Haus bewundern. Die Szene zeigt den Augenblick des Bisses: Der erste Fisch hängt bereits am vorderen Drilling, als der zweite und etwas größere Fisch mit geöffnetem Maul auf das hintere Ende des Wobblers und damit auf den zweiten Drilling zuschießt – ein unglaublicher Anblick.

# 1600 Pfund Hammerhai an die Kette gelegt

Als Kapitän Jim Lewis zuerst ins Wasser blickte, dachte er nicht daran, den Hai zu töten. Es war nicht nur der größte Hammerhai, den er jemals sah, er war auch länger als das Boot.

Lewis verbrachte mit seiner Frau Holly sowie seinen Freunden Rolando Encinosa und Andy Gill die einwöchige Pause zwischen zwei Angelwettbewerben auf den Bahamas. Früh morgens brachen sie mit dem Boot nach Great Harbour Island auf, einem etwa 80 Kilometer weiter nördlich gelegenen Paradies für Schnorchler.

Nach 20 Minuten sichteten sie etwas, das aus der Entfernung wie das Seitenruder eines kleinen Flugzeugs aussah und sich knapp einen Meter aus dem Wasser erhob. Als sie näherkamen, bewegte sich das seltsame Teil und verschwand unter Wasser. Encinosa jagte das Boot mit Vollgas auf die Stelle zu und Lewis spurtete zum Bug, um besser in die klaren Fluten sehen zu können.

Und da sah er das Unglaubliche: In etwa fünf Meter Tiefe schwamm in einer kanalartigen Rinne am Grund ein gewaltiger Hammerhai.

»Gebt mir eine Tauchermaske, ich will ins Wasser!« schrie Lewis. Als erfahrener Taucher vertraute er darauf, daß die schnelle Strömung im Kanal die Bewegungsfreiheit des Tiers einschränkt. Er streifte die Maske über, nahm eine kurze Harpune und ließ sich ins Meer fallen.

»Der Hai war riesig«, meinte Lewis später. »Und er wußte, daß ich da war. Er drehte seinen Kopf und schaute zu mir herüber.«

Mit wachsender Selbstsicherheit tauchte Lewis tiefer, um sich den Fisch genauer ansehen zu können. Bei einem Tauchgang entdeckte er 19 Schiffshalter, die am Körper des Hais hingen. Außerdem zeigten seine Flanken und der Rücken mehrere halbmondförmige Narben, die von Gaffs stammten. Es war ein alter Fisch, der den Haken wohl schon viele Male gespürt hatte.

Lewis wollte den Hai ebenfalls haken, allerdings lag sein Angelzeug im Hafen von Chub Cay. Blieb noch die Schnorchelausrüstung und die Harpune.

»Ich wußte, daß ich nur mit einem Schuß in die Kiemen eine Chance habe«, sagte Lewis. »Die Reichweite der Harpune betrug nur anderthalb Meter oder etwas mehr, weshalb ich sehr

**Wußten Sie schon?**

***Fische besitzen Augen mit einem sehr großen Sehfeld. Bei vielen Raubfischen sind sie etwas nach vorn gerichtet angeordnet, damit sie flüchtende Futterfische gut erkennen. Umgekehrt sitzen sie bei vielen typischen Futterfischen weiter hinten und erkennen so auch von hinten angreifende Räuber.***

Foto: Jim Lewis

***Von links: Rolando Encinosa, Andy Gill, Holly und Jim Lewis. Besonders fällt die lange Rückenflosse des Hais sowie sein dicker Bauch auf, in dem Wissenschaftler einen sauber in zwei Hälften zertrennten und 110 Pfund schweren Zitronenhai fanden.***

nahe heranschwimmen mußte. »Ich war trotzdem nicht sicher, ob ich den Hai damit tödlich verletzen und landen kann.«

Lewis nahm an der Oberfläche nochmals einen tiefen Atemzug und paddelte dann wieder auf den Fisch zu. Sein Herz hämmerte wild, als er das Gummiband der Harpune spannte. Er schwamm so dicht heran, wie es sein Mut zuließ und schoß. Nach dem Treffer drehte sich der Hai sofort zu Lewis um, der durch die starke Strömung jedoch schnell die Oberfläche erreichte und ins Boot kletterte.

Vom Bug aus sah er, wie der Hai schneller als zuvor schwamm und dabei eine breite Blutspur hinter sich herzog. Encinosa fragte grinsend: »Und was machst Du jetzt, Tarzan?«

Lewis schwieg, denn der Kanal wurde tiefer und würde bald in die offene See übergehen. Er nahm schließlich den Anker samt der etwa zehn Meter langen Kette und schrie zu Encinosa, er solle kurz vor den Kopf des Hais fahren.

»Das war alles, was an Bord irgendwie einem Haken ähnelte«, erklärte Lewis. »Rolando fuhr also vor den Hai, ich warf den Anker und ließ ihn auf den Boden sinken. Sobald der Fisch darüberschwamm, wollte ich ihn damit erwischen.«

Alles in allem ein fast unmögliches Unterfangen. Trotzdem drehte der Fisch beim von Holly mitgezählten 36sten Versuch seinen Kopf zur Seite und stieß an den Anker. Lewis zog aus Leibeskräften und irgendwie geriet der Stahl in die verwundeten Kiemen des Hais.

Lewis hielt die Kette und Encinosa stellte die Motoren auf Leerlauf. Der Hai kämpfte tapfer und zog das Boot am Kanal entlang. Doch mit der Zeit wurde er müde und Lewis konnte ihn zum Boot hochziehen. Holly und

Gill beeilten sich gerade, den Schwanz des Fischs mit einer Schlinge festzuhalten, als der Hai plötzlich mit aller Kraft zu schlagen begann. Der Schwanz wirbelte fast wie ein Propeller herum und warf Gill über das Deck an das Steuerpult, wo er benommen liegenblieb.

»Es war ein kritischer Augenblick«, sagte Lewis. »Der Hai lebte und wir hatten keine Waffe dabei, weshalb wir ihn stranden mußten.«

Sie zogen den Hai ins flache Wasser und warteten kurze Zeit, bis er verendete. Lewis löste die Schwanzschlinge und legte sie für die Fahrt zurück zum Hafen um den Kopf des Fischs.

Am Nachmittag beobachtete eine staunende Menschenmenge das Wiegen des Hais, wobei die nur 1100 Pfund tragende Waage zusammenbrach. Glücklicherweise standen unter den Zuschauern einige Mitglieder der Meeresforschungs-Abteilung der Universität von Miami, die gerade Chub Cay besuchten. Die Biologen fragten, ob sie Proben von dem Fisch nehmen dürften und boten gleichzeitig an, ihn wissenschaftlich genau zu wiegen.

Es war ein sehr großer Hammerhai. Das Maßband zeigte eine Länge von 4,70 Meter bei einem Umfang von drei Meter. Die Waage blieb erst bei unglaublichen 1475 Pfund (668 kg) stehen – und zwar ohne den 110 Pfund schweren, frisch gefressenen Zitronenhai gerechnet, den die Wissenschaftler sauber halbiert im Magen des Tiers fanden. Zusammen mit ihm wog der Hammerhai knapp 1600 Pfund, mehr als 600 Pfund über dem offiziellen All-Tackle-Weltrekord mit Rute und Rolle.

Foto: Jim Lewis

***Kapitän Jim Lewis und seine Frau mit dem fast 1600 Pfund schweren und 4,70 Meter langen Hammerhai, den er beim Tauchen mit der Harpune anschoß und schließlich mit einem Bootsanker landete. Der riesige Kopf besitzt von Auge zu Auge gemessen eine Breite von etwa 120 Zentimeter.***

# Die Fledermaus an der Fliege

Der Broken Straw Creek fließt von Erie im Bundesstaat Pennsylvania aus nach Südwesten in den Monongahela River, der schließlich in den Ohio mündet. Im Broken Straw Creek leben Forellen, die beim Schlüpfen der Insekten im Frühjahr an einem besonders reich gedeckten Tisch speisen. Jetzt ist auch die hohe Zeit der Fliegenfischer gekommen, die ihre Weidenkörbe mit Regenbogen- und Bachforellen füllen.

***»Ich führte gerade den letzten Vorschwung vor dem Ablegen aus und während die Schnur aufs Wasser schwebte, schnappte eine Fledermaus die unterste Fliege.«***

Luther De Armitt hatte schon oft in dem Bach gefischt. Er wohnt ganz in der Nähe und verbessert ständig seine Fertigkeit im Fliegenfischen an den vielen Bächen und Flüssen im hügligen Land des nördlichen Pennsylvania.

An einem Abend im zeitigen Frühjahr des Jahres 1969 watete De Armitt wieder einmal im Broken Straw Creek. Er fischte mit einem Paternoster, das aus drei Naßfliegen an einem anderthalb Meter langen Vorfach bestand. Zwischen den Fliegen lag ein Abstand von jeweils 40 Zentimetern.

»Es war fast dunkel«, erzählt De Armitt »Ich warf meine Fliegen stromauf und ließ sie im Absinken mit der Strömung treiben. Ich führte gerade den letzten Vorschwung eines Wurfs vor dem Ablegen aus und während die Schnur aufs Wasser schwebte, schnappte eine Fledermaus den untersten Köder.«

Der geschickte Flieger versuchte mit wilden Manövern nach oben und unten, nach links und rechts den winzigen Köder loszuwerden.

De Armitt befand sich plötzlich in einer völlig unerwarteten Lage. Er konnte das Vorfach nicht abschneiden, sonst wäre das Tier mit dem Haken und dem Nylon im Maul sicherlich elend umgekommen. Andererseits befürchtete er beim Abhaken einen Biß und eine damit verbundene Infektion durch möglicherweise von der Fledermaus getragene Krankheitserreger. Er wollte das Tier nicht verletzen, aber er hatte keine Wahl. Außerdem lag ihm etwas an seinen Fliegen.

»Ich wußte nicht, welche Art an meiner Schnur hing, aber es war kein großes Tier. Schließlich legte ich meinen Finger auf die Spule, bis die Kräfte der Fledermaus nachließen und sie keine Schnur mehr nehmen konnte. Jetzt zog ich sie ans Ufer und sie landete kurz vor meinen Füßen.« Er beendete schnell das Leiden des Tiers, löste seine Fliege und fischte weiter.

De Armitt: »Bis dahin dachte ich nur wenig über Fledermäuse nach. Ich wußte nur, daß sie Fliegen fressen. Auf der Futtersuche über dem Fluß kreuzte dann meine Fliege die Flugbahn der Fledermaus und sie verwechselte den Köder wie eine Forelle mit einem natürlichen Insekt.«

Der Angler fischte über 50 Jahre mit der Fliege. Er hakte viele Fische und konnte einige zu schwere Exemplare nicht landen. Aber die Fledermaus war der ungewöhnlichste Fang in seinem Fischerleben.

# 3001 Barsche in 77 Tagen

Foto: Art Gardner

***Drei von vielen Schwarzbarschen, die der Angler Dave Romeo fing und sich damit im »Guinness Buch der Rekorde« verewigte.***

»Einer geht noch«, rief Dave Romeo der Menschenmenge am Ufer des Kahler´s Pond auf Long Island im Staat New York zu. Es war am Nachmittag des 28. Oktober 1984, dem letzten Tag der drei Monate dauernden Angelsaison. Romeo, der innerhalb dieser Zeit bereits 3000 Schwarzbarsche gefangen hatte, setzte wieder einen Anhieb und hakte seinen Barsch Nummer 3001. Er kostete den Augenblick seines Erfolgs voll aus und drillte etwas länger, als unbedingt nötig.

Eine ganze Horde von Journalisten nahm an dem Ereignis teil, um Romeos letzten Fang mitzubekommen. Ein Lächeln zog sich über sein Gesicht, als er sich vorbeugte und den Fisch zurücksetzte. Denn der 25jährige Steuerberater hatte sämtliche Vorstellungen von dem möglichen Fang innerhalb einer Saison über den Haufen geworfen und erhielt dadurch Beinamen wie »Bass Master« (Meister der Barsche).

Aber Romeo ist kein Durchschnittsangler. Er strebte vielmehr schon immer nach möglichst guten Fangergebnissen. Er studierte drei Jahre lang alles über die Kunst des Angelns auf Schwarzbarsche und schrieb zu jedem gefangenen Fisch alle Daten wie Tag, Uhrzeit, Ort, Wetter und Köder auf.

»Es muß Gründe für den Biß eines Fischs geben«, erklärte Romeo. »Einige Tage waren besser als andere und ich wollte herausfinden warum.«

Er verschlang förmlich jedes greifbare Buch über das Barschangeln, ständig auf der Suche nach neuen Strategien und Techniken. Der beste Ratschlag stammte aus Robert Deindorers Buch ›Positive Fishing: The Art of Angling to Your Outer Limit (Positives Angeln: Die Kunst des Angelns an deiner äußersten Grenze)‹, dessen Kernthema sich mit Konzentration befaßt – je mehr du davon hast, desto mehr Fische wirst du fangen.

Romeo über seinen Rekord: »Die 1000-Stück-Grenze durchbrach ich im Juni und wußte, daß ich die Zahl bis zum Ende der Saison noch verdoppeln konnte. Ich hätte mich gefreut, wenn sich die Leute vom Guinness Buch der Rekorde gleich für mich interessiert hätten, aber sie waren anfangs unschlüssig. Deshalb ging ich ans Telefon und rief jeden an, der möglicherweise Interesse an meinem Rekord zeigen könnte. Auch die Angelgeräte-Unternehmen, deren Material ich verwendete, verschickten Briefe in meinem Namen.«

An jedem freien Tag verbrachte Romeo 14 Stunden am Wasser, ständig auf der Suche nach Barschen. Es war ihm egal, ob es frostig kalt war, der Regen in Strömen vom Himmel fiel oder der Wind übers Wasser pfiff. Dazu aß er wenig und machte nur eine Pause, um den Köder oder den Angelplatz zu wechseln. Die Fische fing er sowohl vom Ufer als auch von klei-nen Booten und Schlauchbooten aus. In den 77 Tagen fing er durchschnittlich je 38 bis 40 Fische. Bis auf 28 Stück setzte er alle Barsche wieder zurück, weshalb er einige mehr als einmal und ein Exemplar sogar sechsmal fing. Trotz der harten Jagd nach dem Rekord vernachlässigte er nicht seinen Beruf und fehlte der in gesamten, dreimonatigen Angelsaison nur einen Tag am Arbeitsplatz.

Romeo wurde zu einem Helden seiner Heimatstadt. Natürlich lag es für ihn nahe, ein Buch mit dem Titel ›Better Bass Fishing: The Dave Romeo Way‹ über das Schwarzbarsch-Angeln zu schreiben. Darüber hinaus rief er ein familienfreundliches Barsch-Angelturnier ins Leben, das seinen Namen trägt.

Noch eine Sache: Während seiner Rekordjagd lernte er seine zukünftige Frau kennen. Ihr Name: Kim Trout (Trout = Forelle). Nomen est omen.

**Wußten Sie schon?**

***Das Alter eines Fischs läßt sich anhand der Ringe auf dem Gehörknochen feststellen. Jeder Ring bedeutet ein Jahr. Außerdem besitzen Fische keine Zunge. Ihre Geschmacksknospen liegen im Rachen, auf den Lippen, an den Kiemen und auf dem Kopf.***

# Drill auf dem Surfbrett

Als Dr. Hal Neibling und Curt Herberts aus dem mexikanischen Hafen von Cabo San Lucas fuhren, dachten sie nicht im Traum daran, ein Kapitel in der Geschichte des Marlinfangs zu schreiben – und das auf eine ganz besondere Weise.

Sie befanden sich an Bord von Lee Stocklands elegantem Angelboot *Tio Lee*, das Randy Wood steuerte. Um zehn Uhr morgens waren die Angeln beim Driftfischen auf Marlin ausgelegt. Neibling angelte vom Bug und Herberts vom Heck aus. Plötzlich verneigen sich die Ruten gleichzeitig unter einem harten Biß. Herberts Fisch durchbrach sofort die Oberfläche und flüchtete mit heftig gischtenden Flossenschlägen nach Süden. Genauso verhielt sich Neiblings Fisch, allerdings führte sein Weg genau in die entgegengesetzte Richtung nach Norden.

Wood bewegte das Boot nicht. Statt dessen rannte er von der Brücke in die Kabine, holte ein Surfbrett und warf es über Bord. Sekunden später kletterte Neibling über die Reling auf das wackelige Brett und ließ sich von seinem Marlin ziehen. Wood hastete zurück zur Brücke, warf die Maschinen an und folgte Herberts Fisch, der schon rund 300 Meter entfernt schwamm und noch

***Hal Neibling kämpft vom Surfbrett aus mit einem etwa 150 Pfund schweren gestreiften Marlin, kilometerweit von der mexikanischen Küste bei Cabo San Lucas entfernt.***

Foto: Hal Neibling

immer Schnur nahm. »Ich konnte nicht viel Bremsdruck auf die schwache 20-Pfund-Leine ausüben. Aber kaum fuhr das Boot los, wendete der Marlin und kam direkt auf uns zu. Schnell kurbelte ich wieder 100 Meter auf die Rolle und die Lage sah wieder besser aus – außer wir würden Hal bei unserer Rückkehr nicht wiederfinden. Denn immerhin rauschte er auf seinem Brett alleine über den Ozean, gezogen von einem verärgerten Marlin.«

**›› *Sekunden später stieg Neibling über die Reling auf das wackelige Brett und ließ sich von seinem Marlin ziehen.* ‹‹**

Tatsächlich entfernte sich der Fisch samt Neibling immer weiter von der *Tio Lee*, hinaus auf die offene See. Eine Brise setzte ein und brachte die üblichen Nachmittags-Wellen. Doch der Angler drillte in aller Ruhe weiter seinen Fisch, schließlich trug er eine Schwimmweste. Einige mexikanische Sportfischer beobachteten ihn interessiert von ihren Booten aus.

»Sie haben mich bestimmt für verrückt gehalten«, lachte Neibling. »Aber es war ganz einfach. Ich hielt meine Beine ins Wasser und somit auch das Gleichgewicht. Außerdem stellte ich die Rollenbremse locker ein. Dabei erledigte der Marlin den größten Teil der Arbeit, indem er mich zog und sich selbst ermüdete. Angst stieg in mir auf, als ich an die Haie dachte. Ich entschloß mich, sicherheitshalber meine Beine auf das Brett zu legen, wäre bei dem Versuch aber beinahe gekentert. Deshalb versuchte ich die Haie einfach zu vergessen.«

Als sich Herberts Fisch der *Tio Lee* näherte, suchte Stan Grier, ein weiterer Angler an Bord, den Horizont mit dem Fernglas ab. Er entdeckte Neibling etwa anderthalb Kilometer entfernt. Herberts versah seinen Fisch mit einer Markierung und ließ ihn wieder schwimmen. Rund 45 Minuten nach Beginn des Kampfs nahm das Boot wieder Kurs auf Neibling.

Sein abgekämpfter Marlin schwebte jetzt in etwa zehn Meter Tiefe und der surfende Angler war sichtlich stolz. Jeder an Bord der *Tio Lee* bot seine Unterstützung an, als er nach dem Markierungs-Stab fragte. Er zog den Marlin jedoch alleine nahe ans Brett, faßte das Vorfach mit einer Hand, band die Rute an ein Seil und setzte die Markierung drei Zentimeter vor und fünf Zentimeter rechts von der Rückenflosse ein. Herberts warf ihm ein Taschenmesser zu, mit dem Neibling das Vorfach kappte und den Fisch wieder freiließ. Endlich konnte er zum Boot paddeln, kletterte auf Deck und fragte nach dem kältesten Bier im Kühlschrank.

# Karpfen an der Kreuzung

Der Polizeibeamte Alvin Yamaguchi von der Kalifornischen Highway Patrol parkte seinen Dienstwagen neben dem überfluteten Straßenabschnitt. Der Regen stürzte im Süden Kaliforniens tagelang vom Himmel und überschwemmte viele Straßen.

»Es war am späten Nachmittag«, erzählte Yamaguchi, »und es regnete ständig weiter. Einer unserer Freeways stand sogar etwa 1,20 Meter unter Wasser, da das einige Kilometer weiter oben in den Hügeln gelegene Rattlesnake Canyon Reservoir übergelaufen war. Die Autofahrer mußten auch am ebenfalls überfluteten Irvine Boulevard über eine Parallelstraße ausweichen und ich sollte den Verkehr umleiten.«

Als er ankam, stand bereits ein halber Meter Wasser über dem Asphalt. Die Fahrzeuge stauten sich und der Verkehr war über mehrere Kilometer zusammengebrochen.

***Polizist Alvin Yamaguchi (links) präsentiert seinen Karpfen, den er auf einer überfluteten Straße in Südkalifornien mit den Händen fing.***

Foto: Alvin Yamaguchi

Große Mengen Treibgut schwammen im trüben Wasser über die 30 Meter breite Straße. Yamaguchi und sein Kollege zogen die Regenmäntel an und bemühten sich, den Stau aufzulösen.

»Ich bin nur einige Minuten auf der Kreuzung gestanden«, sagte Yamaguchi, »als mir mein Kollege zuwinkte und mich auf die andere Seite des Streifenwagens rief. Ich rannte um den Wagen herum. Dort stand mein Kollege, zeigte ins Wasser und schrie: ›Ein Barsch, ein Barsch!‹«

Yamaguchi schaute auf die braunen Fluten und sah, wie ein Fisch platschend die Straße entlangschwamm. Der Polizist wartete geduldig im knietiefen Wasser, griff mit beiden Händen zu, als das Tier bei ihm angekommen war – und hielt es in den Armen.

»Es war ein 30 Pfund schwerer Karpfen«, sagte Yamaguchi. »Und ich wußte nicht, was ich mit ihm machen soll. Mir fiel nur ein, daß ich ihn mit den Handfesseln an die Stoßstange binden könnte.«

Er nahm ein paar Fesseln aus Kunststoff, führte einen Strang durch das Maul sowie die Kiemenöffnung des Karpfens. Die andere legte er um den Stoßfänger und verband schließlich beide Plastikschlaufen. Einige vorbeifahrende Autofahrer winkten und lachten, als sie die Situation erkannten. Andere riefen auf dem nächsten Polizeirevier an.

»Mein Fang sprach sich schnell herum«, so Yamaguchi. »Andere Polizisten fragten über Funk, ob das Gerücht mit dem Fisch tatsächlich stimmt. Keiner konnte es glauben. Offensichtlich kam der Karpfen aus dem Rattlesnake Canyon Reservoir, wobei ihn die Strömung bis zur Straße spülte. Glücklicherweise hatte ein Kollege eine Polaroidkamera in der Tasche und hielt das Ereignis fest.«

Am nächsten Tag brachte Yamaguchi das Bild zur Pressestelle des Polizeipräsidiums, die einen Artikel für die örtliche Tageszeitung schreiben wollte. Tatsächlich schickten sie die Geschichte jedoch an Blätter in den ganzen USA und binnen weniger Tage war der Karpfen weithin berühmt.

»Wenn ich geahnt hätte, welche Kreise die Sache zieht, hätte ich den Fisch mit nach Hause genommen und präpariert«, meinte Yamaguchi bedauernd.

Fünf Monate später erhielt er einen Anruf von der Bill Cosby-Spielshow ›You bet your life‹. Einige Wochen darauf flog er zu einem Auftritt nach Philadelphia. Yamaguchi erzählte sein ungewöhnliches Erlebnis und gewann im Laufe des Abends 13 500 US-Dollar. Es war einer der höchsten Gewinne in der Geschichte der Show.

»Ich bin immer noch darüber erstaunt, auf welches Interesse mein Karpfen gestoßen ist«, sagt Yamaguchi. »Eigentlich war ich der Meinung, daß der Karpfen in den USA als Fisch zweiter Klasse gilt und sich niemand weiter um die Tiere kümmert.«

# Volltreffer

Am 10. Juni 1989 stand Bruce Hake an Bord des Charterboots *Qualifier 105* und fischte 500 Meilen südlich der Baja California in der Nähe der Insel San Benedicto. Hier gibt es das typische Wasser, wo sich Wahoos gerne aufhalten: sauber, blau und tief.

Hake fischte mit vier oder fünf anderen Anglern vom Heck aus, während ein Besatzungsmitglied frische Sardinen aus dem Ködertank zum Anfüttern ins Meer warf. Schon bald umkreisten ganze Schwärme von Raubfischen das Boot.

»Ich warf meinen Lieblings-Jig so weit wie möglich aus«, sagte Hake, »und holte ihn gerade ein, als meine Schnur plötzlich durchhing. Meiner Meinung nach hatte ein Wahoo mit seinen messerscharfen Zähnen die Leine gekappt.«

Aber beim Einkurbeln der Schnur schoß plötzlich ein Wahoo etwa 12 Meter hinter dem Heck aus dem Wasser – mit Hakes Köder im Maul. Der Fisch flog direkt auf das Boot zu, Hake duckte sich und das Tier segelte direkt über seinen Kopf.

»Ich hörte ein Platschen«, erzählte Hake, »drehte mich um und sah ein unvergeßliches Bild: Der Wahoo schwamm im Ködertank und aus seinem Maul baumelte noch immer mein Jig.«

# Der Eskimo-Hecht

Das Thermometer zeigte am Sylvan-Lake in der kanadischen Provinz Alberta fünf Grad unter Null an, als Ernie Nagy zum Eisangeln ankam. Sein Geländewagen war mit allem möglichen Zubehör vollgestopft: Ein Zelt zum Eisangeln, ein Eisbohrer, ein tragbarer Ofen, eine Thermoskanne mit heißem Kaffee, belegte Brote, ein Eimer (als Hocker und für den Transport der erhofften Fische), Rute und Rolle samt Schnur sowie eine Auswahl von Haken und Blinkern. Im Angelladen an der Ecke kaufte er noch eine Packung Maden.

Nachdem er ein Loch in das knapp einen Meter dicke Eis gebohrt hatte, zog er das Zelt über die Öffnung. In der Mitte des Zeltbodens besaß es eine passende Aussparung für den direkten Zugriff zum Bohrloch.

Nagy wollte Barsche fangen: »Ich angelte mit einem kleinen Haken, den ich mit rot-weiß-gestreiftem Telefonkabel umwickelt hatte. Für die Beschwerung sorgte ein kurz vor dem Öhr angeklemmtes Bleischrot. Als Köder nahm ich zwei Maden und ließ sie im etwa 7,5 Meter tiefen Wasser etwa 15 Zentimeter über dem Grund schweben.«

Innerhalb der nächsten Stunden bissen nur drei Barsche, weshalb Nagy ein zweites Loch näher am Ufer bohrte. Der Köder blieb dabei unter dem ersten Loch im Wasser. »Ich bin zum Zelt zurückgegangen und hob gerade die Rute an, als ich einen heftigen Schlag in der Schnur spürte. Ich war so überrascht, daß mir beinahe die Rute aus der Hand gerutscht wäre.«

Der Fisch flüchtete sofort und die dünne Sechs-Pfund-Schnur (0,20 mm) scheuerte über die untere Kante des Bohrlochs. Die Rolle war samt Bremse eigentlich für kleinere Fänge ausgelegt, weshalb Nagy den Widerstand mit dem Daumen an der Spule erhöhte.

Nach etwa zwölf Metern stoppte der Fisch und Nagy holte vorsichtig Schnur ein. Dabei staunte er über die Widerstandsfähigkeit der immer noch über das Eis schabenden Schnur und des kleinen Hakens.

Allerdings vermutete der Angler bereits einen Hecht am Haken und gab dem dünnen Nylon wegen den messerscharfen Zähnen keine große Chance.

***Ernie Nagy mit seinem 15pfündig Hecht, den er bein Eisangeln im Sylvan-Lake im kana dischen Alberta fing. Der Fisch war so groß, daß er sich im Bohrloc einklemmte.***

»Das Loch besaß lediglich einen Durchmesser von 15 Zentimetern«, sagte Nagy. »Ich zweifelte stark an einer erfolgreichen Landung: Denn selbst wenn ich den Fisch bis ans Eis ziehen könnte, würde er wohl kaum durch die kleine Öffnung passen.«

Nagy wollte ihn wenigstens kurz sehen und damit seine Vermutung über die Art bestätigen sowie die Größe schätzen. Das Wasser war klar und erlaubte einen Blick bis in etwa drei Meter Tiefe. Dreimal konnte der Angler den Fisch oben ziehen, allerdings setzte der Unbekannte jedesmal zu einer neuen Flucht an. Sie ging stets zwölf Meter weit.

»Ich mußte jede Sekunde mit einem Schnurbruch rechnen«, erzählte Nagy. »Aber irgendwie hat die Leine trotzdem gehalten und auf einmal kam der Fisch nach oben. Ich kniete auf dem Zeltboden und habe in das Loch gestarrt, wobei ich nebenbei mehr und mehr Schnur zurückgewinnen konnte. Und plötzlich konnte ich ihn sehen – es war tatsächlich ein großer Hecht.« Der Fisch öffnete seine Kiefer, legte sich auf die Seite und schwebte völlig abgekämpft unter dem Eisloch. Jetzt entdeckte Nagy auch den kleinen rotweißen Haken, der sauber im Unterkiefer saß. Trotzdem konnte er seinen Hecht nicht an der dünnen Schnur durch das Loch ziehen.

In diesem Augenblick erinnerte er sich an einen Drilling in seiner Zubehörschachtel, der an einer Handleine von 15 Pfund Tragkraft (0,35 - 0,40 mm) hing. Nagy hielt die Rute in der einen Hand und suchte mit der anderen nach dem Drilling. »Der Fisch lag noch immer mit offenem Maul an der gleichen Stelle und sammelte Kräfte für die nächste Flucht. Inzwischen hatte ich die Handleine jedoch gefunden und ließ den Drilling nach unten. Als er im Maul des Fischs lag, schnappte der Hecht zu und flüchtete in Richtung Grund.«

Nagy legte die Rute beiseite und zog an beiden Schnüren gleichzeitig. Der Hecht stoppte, drehte sich und schwamm in etwa vier Metern Tiefe im Kreis. Der Angler wartete geduldig und als der Fisch etwas nach oben kam, zog er mit aller Kraft an den Schnüren. »Ich wußte, daß er wenn überhaupt nur mit Mühe durch das Loch paßt«, sagte Nagy. »Aber jetzt wollte ich es genau wissen.«

Der Schwung des Hechts und der Zug an den Leinen führten den Fisch mit dem Kopf voran ins Eisloch. Seine Geschwindigkeit preßte dabei acht oder zehn Liter eiskaltes Wasser durch die Öffnung, das sich über Nagy ergoß und ihn von Kopf bis Fuß durchnäßte. Jetzt steckte der Hecht fest und das Maul mit den bedrohlichen Zähnen schaute einige Zentimeter aus dem Loch heraus.

Ohne einen schmerzhaften Biß zu riskieren konnte er nicht in das Maul fassen. Deshalb griff er zu einer Bambusstange, mit der er normalerweise zu kleine Fische durch das Loch wieder zurück ins Wasser schiebt. Jetzt führte er das Holz durch das Maul zu einer Kiemenöffnung und hebelte den Fisch mit einem Schwung aus dem Loch. Der Hecht wirbelte wild im Zelt herum. Nagy öffnete den Reißverschluß des Eingangs und warf den Fisch samt Schnüren und Rute hinaus.

»Im selben Augenblick kam eine Gruppe Angler an«, erzählte Nagy. »Sie konnten dem Bild vor ihren Augen kaum trauen: Ein großer, zappelnder Hecht auf dem Eis mit einem durchgeweichten aber glücklichen Fischer.«

Rasch packte der vor Kälte zitternde Nagy seine Ausrüstung ein und fuhr zum Angelladen, um den Fisch zu wiegen. Das Züngel der Waage blieb bei knapp 15 Pfund stehen. Es war der größte Hecht des Jahres aus dem Sylvan Lake.

# Die Leiche an der Fliege

Hal Janssen stand bis zur Hüfte in der Mündung des San Lorenzo-Flusses, der in die Monterey-Bucht in Nordkalifornien strömt. Er fischte mit einer langsam sinkenden Fliegenschnur und einer orangefarbenen Fliege der Hakengröße 10. Denn die Silberlachse kehrten zum Laichen zurück und stiegen an dem Morgen im Dezember 1975 in großer Anzahl auf.

»Ein Wochenende zuvor hatte ich bereits hier gefischt«, sagte Janssen, »und wußte deshalb, daß die Lachse nahe am Steilufer direkt vor der Mündung standen. An diesem Morgen waren sie jedoch in das sehr flache Wasser stromauf gewandert – ein ungewöhnlicher Aufenthaltsort und die Fische wollten nicht beißen.«

Deshalb kehrte Janssen ohne Fisch zur Mündung zurück, wo die Lachse eine Woche vorher noch auf Nahrungssuche gingen. Die anderen Angler blieben oben im Fluß, wo sie die Fische vielleicht doch noch zum einen oder anderen Biß reizen wollten. Die Ebbe erreichte gerade ihren niedrigsten Punkt und das Wasser begann wieder zu steigen, als Janssen auf eine Sandbank im Flachwasser watete. Sofort ging der erste Wurf auf das Steilufer zu und die Fliege durfte etwa zwei Meter absinken, bevor Janssen sie heranzupfte. Etwa beim sechsten Versuch fühlte er, wie die Fliege irgendwo hängenblieb.

»Ich spürte sofort, daß etwas am Haken hing. Es bewegte sich jedoch nur langsam. Deshalb vermutete ich ein großes Büschel Seetang, das die Strömung vom Ozean hereingetragen hatte.«

Janssen begann zu pumpen und versuchte die Vorfachspitze abzureißen. Allerdings kam der Fang mit jeder Bewegung ein Stück näher. »Ich beschloß das Hindernis an Land zu bringen, damit sich nicht der Haken eines anderen Fischers darin verfängt. Der Fluß strömt dicht an einem Vergnügungspark vorbei, weshalb normalerweise immer etwas Müll im Wasser schwimmt. Ein Angler konnte früher am Morgen sogar einen Einkaufswagen landen.«

Die hereindrückende Flut half Janssen dabei, das schwere Gewicht in Richtung Ufer zu ziehen. Und nach vier oder fünf Minuten harter Arbeit tauchte das unbekannte Objekt etwa zehn Meter entfernt auf.

»Ich sah etwas Braunes, das wie der Schwanz eines Seehunds aussah. Manchmal schießen Berufsfischer auf die bei ihnen nicht sonderlich beliebten Seehunde, weshalb ich an ein totes Tier dachte.«

Janssen holte seinen Fang ruhig weiter ein. Er versank wieder etwas und tauchte für einige Sekunden in weniger als sechs Metern Entfernung wieder auf.

»Jetzt konnte ich etwas in hellem Pink erkennen«, sagte Janssen. »Ich pumpte weiter, die Flut schob von hinten und im nächsten Moment lag das Ding direkt vor meiner Rutenspitze. Ich habe fest gezogen, um es besser zu erkennen. Und ich sah etwas, das wie eine Schaufensterpuppe aussah. Ich dachte, jemand wäre in einen Laden eingebrochen und hätte den Einkaufswagen samt einem Plastik-Mannequin in den Fluß geworfen.« Doch auf einmal warf ein Schwall der hereinströmenden Flut das Ding direkt neben

Janssen, der jetzt den menschlichen Körper erkannte.

»Ich weiß nicht, wie ich ans Ufer kam«, erzählte er, »aber ich war da, hielt meine Fliegenrute in der Hand und starrte ungläubig auf die Leiche, die auf der Sandbank lag. Die Schnur war noch immer nicht gerissen und ich konnte meine orangene Fliege sehen.«

Ein Angler kam um die Flußbiegung herum und rief Janssen etwas zu. Er war jedoch zu geschockt, um zu antworten. Eine Sekunde darauf hörte er eine bekannte Stimme von oberhalb des Steilufers.

»Es war ein Polizist aus San Jose, der selbst fischt und zu meinen Freunden zählt. Er wollte sehen, ob etwas beißt«, erklärte Janssen. »Noch nie war ich so froh, einen Polizisten zu sehen. Ich erzählte ihm, was passiert war und er rief über Funk nach Verstärkung.«

Janssen schnitt seine Fliegenschnur durch und wartete auf die Streifenwagen. Dann verging ihm jedoch rasch die Freude über die Polizei. Janssen: »Der gerade eingetroffene Beamte forderte mich als erstes auf, zur Sandbank zurückzugehen und die mittlerweile wieder halb unter Wasser liegende Leiche ans Ufer zu ziehen. Ich machte ihm klar, daß ich sie bereits über 25 Meter durch den Fluß gezogen hätte und meine Arbeit damit wohl getan sei.«

Janssen ließ sich nicht überreden, weshalb der Beamte einen anderen Polizisten in den Fluß schickte. Während er den Körper in Richtung Ufer zog, gab der Angler seine Aussage zu Protokoll.

»Ich wollte nur weg von hier«, sagte Janssen, »aber die Polizei hat ihre Vorschriften. Die Beamten meinten, ich müsse die Leiche identifizieren. Das erschien mir absolut unnötig, da ich die Kleidung und die Stelle, wo meine Fliege saß, bereits beschrieben hatte. Sie wollten trotzdem, daß ich die Leiche selbst ansehe und als die identifiziere, die ich hereingezogen hatte. Aber wieviele Tote treiben wohl im Fluß, an denen eine orangene Fliege hängt? Ich hielt das ganze für verrückt.«

Aller Widerspruch half nichts, weshalb Janssen zum Fluß zurückging und die Leiche samt der orangenen Fliege Größe 10 identifizierte. Sie hing in einem Handschuh fest.

Kurz danach durfte er gehen. Allerdings nur mit dem Hinweis, daß er in Kalifornien bleiben muß. »Ich war froh wegzukommen«, sagte er. »Wie ich später hörte, handelte es sich um ein Mädchen aus der Gegend, die in einem Supermarkt arbeitete und schon einige Tage vermißt wurde. Ihren braunen Handschuh hielt ich für die Flosse eines Seehunds und das Pink, das ich gesehen hatte, stammte von ihrer Jacke. Jemand hatte Sie erwürgt. Einige Woche später schwamm eine weitere Leiche in der Bucht, diesmal ein Mann. In seiner Brieftasche fand die Polizei ein Foto des Mädchens.«

»Ich bekam nie heraus, was wirklich passiert ist und ich erhielt auch nie eine Ladung als Zeuge. Vermutlich blieb der Fall ungelöst.«

# »Brazakka«

*Über 20 Jahre lang befischte Kapitän Dennis »Brazakka« Wallace eines der herrlichsten Angelreviere der Welt. Es ist das Gebiet, wo der Pazifik auf das Korallenmeer trifft, ein Platz, wo ein 800-Pfund-Marlin nicht viel zählt und Big Julie, der unfangbare 2000 Pfund schwere Schwarze Marlin, vielleicht nur einen Biß entfernt ist. Gemeint ist das Große Barrier Riff vor Australien.*

*Brazakka verkörpert schon äußerlich die Vorstellung von einem großen Fischer: Vollbart, kräftig gebauter Oberkörper und eine schmale Taille. Er kann auf viele Erfolge zurückblicken, darunter über 60 Marline über 1000 Pfund (453 kg). Genau 14 davon fing er bei Ausfahrten mit dem berühmten Schauspieler Lee Marvin. Mein Bruder Drake und ich trafen Brazakka außerhalb der Fangsaison auf seiner Ranch, die etwa 50 Kilometer nördlich von Cairns in Australien liegt. Eine Rampe führte uns in das ungewöhnlichste und zugleich schönste Büro, das wir jemals sahen – es liegt hoch oben in den Ästen eines alten Baums. An den Wänden können Besucher die Fotos von großen Fischen bewundern, jedes Bild eine Erinnerung an einen harten Kampf. Und in den Ecken des Baumhauses sind die Schwerter von Marlinen zu sehen, so dick wie Baseball-Schläger.*

## Grundangeln auf Schwertfische

Die Marlin-Saison begann erst in einem Monat, als Brazakka die Motoren seines Boots startete und aus der Bucht rauschte. Die Angler an Bord wollten einen Tag im flacheren Wasser auf der inneren Seite des Riffs am Grund angeln.

Einige Kilometer von der Küste entfernt setzte Brazakka den Anker über einem Korallenhügel in knapp 40 Meter tiefem Wasser. Die Angler beköderten ihre Haken und ließen sie an ihren Handleinen zum Grund hinunter. Sie wollten einige Speisefische fangen und tatsächlich füllten bald die ersten Barsche die Fischkisten.

Jetzt nahm Brazakka selbst eine Handleine und angelte mit. Spät am Nachmittag fing er seinen letzten Fisch und wartete darauf, daß seine Gäste ihre Leinen einholten. »Ich wollte die Wartezeit nutzen und entschloß mich, meine Schnur sauber aufzuwickeln«,

**Ein wilder Schwarzer Marlin wird vor Australien markiert.**

Foto: Dr. Hal Neibling

erzählte Brazakka. »Sie war übel verdrallt und mußte deshalb vor dem Aufspulen gestreckt werden. Ich warf das vordere Ende der Schnur so weit wie möglich aus, wobei am Haken nur noch ein Fetzen Bonitohaut hing.«

Brazakka wartete einige Sekunden und begann gerade, die Schnur aufzuwickeln. Plötzlich spannte sich die Leine in einem Ruck und die zwischen seinen Fingern hinausrasende Schnur verbrannte schmerzhaft seine Hände.

»Zunächst dachte ich an einen Hai«, sagte Brazakka, »aber der Fisch war dafür zu schnell. Mit meinen Händen bremste ich die Schnur stärker ab und auf einmal begann ein kleiner Schwarzer Marlin zu springen. Unglaublich! Nicht nur an dieser Stelle, sondern auch wegen dem fast blanken Haken.«

Der Angler hielt die Leine fest und der kleine Schwertträger ermüdete sich durch seine Sprünge von selbst. Dann holte er die Schnur ein, markierte den Minderjährigen und setzte ihn für ein späteres Wiedersehen zurück. »Hoffentlich außen am Riff und als 1000-Pfünder«, lachte Brazakka.

## Marlin-Markierung ohne Angelleine

»Das Markieren von Marlinen ohne eine Angelschnur zu verwenden machte mir damals viel Spaß«, meinte Brazakka. »Das war in den frühen 70er Jahren, als die Fische wirklich zutraulich ans Boot kamen. Die kleinen mit 200 oder 300 Pfund spielten um das Boot herum und wenn einer auf den Köder losging, zogen wir ihn im letzten Augenblick schnell auf Heck zu.«

»Der verspielte Fisch folgte dem Köder, wo der Bootsmann schon mit der Markierungsstange wartete. Sobald der Fisch nah genug heran war, erhielt er sein Kennzeichen. Auf diese Weise markierten wir viele Fische und sparten dabei auch noch unsere Köder.«

## Nahrungskette

Brazakka und sein Bootsmann Snudges dachten sich nichts dabei, als Fliegende Fische neben den Schleppködern aus dem Wasser sprangen. Immerhin zählen Fliegende Fische in Australien zu den häufigen Arten.

Selbst als ein gelb leuchtender Dolphin (Goldmakrele) Jagd auf die Flieger machte, schauten die beiden Männer nur amüsiert zu.

Das änderte sich schlagartig, als das Wasser plötzlich unter den heftigen Flossenschlägen eines hungrigen Schwarzen Marlins förmlich explodierte. Der Dolphin konnte seine Mahlzeit kaum beenden, denn schon griff ihn der Marlin an.

»Es geschah alles blitzartig«, sagte Brazakka. »Der Dolphin verfolgte einen Fliegenden Fisch mit solcher Energie, daß er seiner Beute keine Chance gab. Jetzt überraschte der Marlin den Dolphin, betäubte ihn mit einem Schwerthieb und spießte ihn schließlich auf. Der tote Dolphin trieb mit einem Loch in der Körpermitte kieloben auf dem Wasser.«

Der geschickte Marlin schnappte ihn und machte sich dann sofort an die Verfolgung der Schleppköder. Kurz darauf bog sich eine Rute unter dem Biß und die Rolle gab laut kreischend Schnur frei. Zwei Stunden später setzten die Männer den Fisch mit einer Markierung versehen zurück.

»Er war nicht besonders groß«, sagte Brazakka, »vielleicht 800 Pfund, möglicherweise auch etwas mehr. Aber es war einer unserer seltsamsten Fänge. Einen Marlin zu fangen, der kurz zuvor einen Dolphin gefressen hat und der wiederum gerade einen Fliegenden Fisch schluckte und das wirklich direkt hintereinander, das war schon außergewöhnlich.«

# Zwei Giganten

Es herrschte wunderbares Wetter an diesem Tag in den frühen 80er Jahren, als Ed Murray, der bekannteste Skipper Floridas und Thunfischangler, im Atlantik seinen ungewöhnlichsten Fang erlebte.

»Wir angelten vor Gloucester in Massachusetts auf Thunfische«, erklärte Murray, »und schon nach kurzer Zeit hatten wir genug gefangen. Aber statt zurückzufahren fischten wir weiter, wobei wir die Fische jetzt zurücksetzen wollten.«

Kurz darauf hakten Murray und seine Mitangler einen riesigen Thun. Der Angler drillte den Fisch ruhig vom Kampfstuhl aus. Plötzlich schlug die Rute hart nach vorn und etwas rüttelte mit aller Gewalt.

»Mein Freund Don Stott saß im Kampfstuhl«, sagte Murray, »und als sich die Rute doppelt so stark bog und zu schlagen begann, waren wir etwas verwirrt und bekamen auch ein wenig Angst. Ich dachte an einen Killerwal, der sich vielleicht unseren Thun zum Abendessen geschnappt hatte.«

Stotts 130-Pfund-Schnur spannte sich unter dem seltsamen Gewicht wie eine Klaviersaite. Murray manövrierte das Boot und erwartete besorgt, daß die Leine vielleicht jeden Augenblick riß. Doch nichts passierte und nach einer Stunde tauchten im tiefen, kalten Wasser gleich *zwei* gigantische Thunfische auf.

»Der erste 800 Pfund schwere Fisch hatte sich mit dem Schwanz etwa sechs Meter über dem Haken in der Schnur verfangen, beim zweiten und gleich schweren Thun saß der Haken normal im Maul«, erklärte Murray. »Beide lebten, weshalb wir sie sofort unverletzt zurücksetzten. Es war unglaublich und keiner von uns hätte die Geschichte für wahr gehalten, wären wir nicht selbst dabeigewesen.«

***Die beiden Thunfische gingen Ed Murray und seinen Angelfreunden auf einer ihrer vielen erfolgreichen Ausfahrten an den Haken.***

Foto: Kapitän Ed »Cookie« Murray

# Die Rückkehr des Karpfens

Bob Lein und seine Frau Judy fischten im August 1982 drei Wochen lang im Gebiet der Hell´s Canyon Recreation Area an der Grenze zwischen Idaho und Oregon. In den drei großen Stauseen mit einer insgesamt mehrere hundert Quadratkilometer großen Wasserfläche schwimmen viele kapitale Fische wie Regenbogenforellen, Schwarzbarsche, Coho-Lachse oder Störe.

Bob und Judy saßen in ihrem knapp über vier Meter langen Aluminiumboot und fischten im Oxbow-Stausee auf Regenbogner und Cohos. Sie ankerten einige 100 Meter oberhalb des Brownley-Damms und angelten bereits den ganzen Morgen. Gegen Mittag legten sie eine Pause ein und Judy holte ihre Schnur ein. Bob hatte jedoch noch keinen Biß und ließ seinen Köder deshalb im Wasser. Hungrig aß er seine belegten Brote und genoß die Ruhe.

»Es war ein perfekter Angeltag«, erinnerte sich Bob. »Die Turbinen im Damm waren abgeschaltet und es war nichts zu hören. Ich hatte meine Rute an die Bordwand gelehnt und achtete nicht darauf. Mein Pech: Denn plötzlich riß sie ein Fisch aus dem Boot. Ich hörte zwar noch die Bewegung der Rute, konnte sie aber nicht schnell genug erreichen.«

»Die Rute und die Rolle waren nicht sehr teuer«, meinte Bob. »Ich ärgerte mich mehr über den verlorenen Fisch als über das Angelgerät.« Er führte jedoch mehrere Ruten mit sich und konnte weiterangeln, fing jedoch auch den Rest des Tages nichts.

Einige Tage später zog es Bob und Judy wieder an den Oxbow-Stausee. Sie ankerten jetzt jedoch stromab des Brownley-Damms. Am Vormittag hakte Bob einen beachtlichen Fisch, den Bob zunächst für einen Wels hielt. Doch als das Tier näher ans Boot kam, konnte er die großen Schuppen eines Karpfens erkennen.

**»Ich hörte zwar noch die Bewegung der Rute, konnte sie aber nicht schnell genug erreichen.«**

Er zog den etwa acht Pfund schweren Fisch zum Boot und faßte zu ihm hinunter, um den Haken zu lösen. Statt einem entdeckte er jedoch zwei Eisen im Maul. »Am zweiten Haken hing ebenfalls noch eine Angelschnur und nach dem Zurücksetzen meines Fischs begann ich zu ziehen. Ich dachte, er wäre jemandem abgerissen. Doch dann fühlte ich etwas Schweres. Ich zog weiter und auf einmal tauchte meine Rute auf, die ich drei Tage zuvor verloren hatte.«

Bob prüfte die Rute genau und zeigte sie Judy. Sie waren beide platt.

»Die Kraftwerke schalten die Turbinen während dem Tag und in der Nacht mehrmals ein und aus«, sagte Bob. »Irgendwie muß der Karpfen ohne Schnurbruch durchgekommen sein, das ist fast unglaublich – fast wie die Tatsache, daß mir der gleiche Fisch in so einem großen Gewässer gleich zweimal an den Haken ging.«

# Speerfisch-Fang mit bloßer Hand

Hayden McDowell rannte vom Strand in die Brandung. Eine seltsame Flosse war etwa zehn Meter vom Ufer entfernt aufgetaucht und durchschnitt das Wasser, immer weiter auf den badenden Hund seines Zimmerkameraden zu.

»Ich dachte, es wäre ein Hai«, erzählte McDowell, »und Steve´s Hund war in der Brandung. Es ging alles so schnell, ich fand keine Zeit zum Nachdenken.«

McDowell und Steve Bailey wohnten auf der Insel Sullivans Island an der Küste des US-Bundesstaats South Carolina, kurz vor der Einfahrt zum Hafen von Charleston. Sie führten ihre Hunde am Strand aus, als McDowell die Flosse zuerst sah.

»Als ich das Wasser erreichte, entdeckte ich die Flosse noch einmal und erkannte, daß sie nicht zu einem Hai gehörte. Ich war neugierig und ging weiter und weiter hinaus. Im hüfttiefen Wasser schwamm der Fisch dann langsam genau neben mir. Jetzt erkannte ich das Schwert und mein Adrenalinspiegel stieg schlagartig an. Ich dachte, es wäre ein Segelfisch, griff zu und packte den Fisch am Schwanz.«

Sobald sich McDowells Finger um die Schwanzwurzel schlossen, flüchtete der Fisch und zog den Fänger unter Wasser. McDowell versuchte wieder auf die Beine zu kommen und gleichzeitig seinen Fang festzuhalten. Endlich fand ein Fuß etwas Halt im Sand, der Fänger stand auf und hob gleichzeitig den Schwanz über die Wasseroberfläche.

»Ich wußte, daß ich ihn auf diese Weise unter Kontrolle halte. Jetzt ging ich rückwärts und hätte den Fisch fast verloren, als eine Welle gegen meine Hüfte klatschte. Aber ich konnte ihn weiter halten und rannte los, als ich den Strand erreichte.«

»Steve half mir den Fisch aufs Ufer zu bringen. Jetzt begann ich mit wilden Freudensprüngen und rief: ›Es ist ein Marlin! Es ist ein Marlin!‹«

McDowell und Bailey brachten den Schwertträger mit einem Lieferwagen auf die Nachbarinsel Isle of Palms, wo ein Vertreter der örtlichen Fischereibehörde den Fang wog und die Daten festhielt. Er stellte seine Maße fest, nahm Proben und zwei Tage später kündigte sich eine überraschende Entdeckung an.

Die Experten identifizierten den Fisch nicht als kleinen Weißen Marlin, wie zuerst gedacht, sondern als gesunden, weiblichen

**Wußten sie schon?**

***Der kürzeste Fisch der Welt ist der Dwarf Pygmy Goby. Die farblosen und fast durchsichtigen Tiere leben in den Seen und Flüssen der Philippinen. Ein erwachsener Dwarf Pygmy Goby ist weniger als 2,5 Zentimeter lang.***

Foto: Terry Joyce

**Hayden McDowell (links), Steve Bailey und sein Hund Chappy mit dem 38 Pfund schweren Longbill Spearfish, den McDowell mit den bloßen Händen in der Brandung vor Sullivans Island in South Carolina fing.**

Longbill Spearfisch. Es war das erste Exemplar, das jemand vor South Carolina fing. Der Fisch wog 38 Pfund (17,2 kg) und war rund 2,20 Meter lang.

Ein Jahr später landete der Angler Harry Johnson einen zweiten Longbill Spearfisch, diesmal mit Rute und Rolle. Damit bestätigte er McDowells Anspruch auf die Entdeckung einer neuen Fischart in den Gewässern von South Carolina.

# Baden für den Segelfisch

*Von seinem Haus blickte Horace Witherspoon, ein Vorstandsmitglied der International Game Fish Association (IGFA), direkt auf den Pazifik und erzählte mir aus seinem Anglerleben.*

*Witherspoon war der Präsident mehrerer Anglervereine wie dem Avalon Tuna Club, dem Balboa Angling Club, dem Light Tackle Marlin Club oder der Light Tackle Tournament Association. Er arbeitete über 30 Jahre lang im Vorstand der IGFA und spielte eine maßgebliche Rolle beim ersten Marlin-Markierungsprogramm im Pazifik. Außerdem ernannte ihn der Gouverneur von Kalifornien 1970 zum Mitglied des Komitees der gerade gegründeten Nationalen Beratungsstelle für Fischerei. Und natürlich ging Witherspoon oft zum Angeln.*

*»Ich habe nichts Besonderes getan«, meinte er bescheiden auf meine Frage nach einer ungewöhnlichen Angelgeschichte.*

*»Nichts?«, fragte ich nach.*

*»Na ja, einige nicht alltägliche Dinge mögen im Laufe der Zeit schon passiert sein.«*

*Witherspoon zögerte. Er wollte nicht mit seinen Erlebnissen prahlen. Er hätte viel erlebt in seinen über 80 Lebensjahren, aber nichts, was eine Geschichte wert wäre. Jetzt versuchte ich es mit Stichworten wie »aufregend«, »außergewöhnlich« oder »unglaublich«. Immer noch nichts. Dann, als meine Hoffnung auf eine Erzählung fast bei Null angekommen war, begann seine Frau zu sprechen, die bis dahin still neben uns saß.*

*»Oh, Horace«, sagte sie, »warum erzählst du nicht von Mexiko, wo du aus dem Boot gefallen bist?«*

*Jetzt konnte Witherspoon nicht mehr ausweichen und ich hatte meine Story:*

»Vor einigen Jahren fischte ich bei einem Angelturnier etwa 30 Kilometer vor Acapulco. Außer mir waren noch zwei andere Wettangler aus den USA an Bord. Die Fische bissen gut und wir arbeiteten bei einem Biß von zwei großen Fischen kurz hintereinander nach der Regel, daß der Angler mit dem zuerst gehakten Fisch die Richtung des Boots bestimmt. Heute bewies mein guter Freund Frank Bivens ein gutes Timing, als er mit einem kräftigen Anhieb zuerst einen schönen Segelfisch hakte.

Die Schnur raste von der Rolle und in diesem Augenblick ging ein etwa gleich großer Segelfisch an meinen Köder. Frank´s Fisch flüchtete vom Heck aus, während meiner vom Bug wegschwamm. Deshalb nahm ich die Rute und arbeitete mich an der Reeling entlang nach hinten. Der Skipper folgte jetzt Frank´s Fisch, der wild am Horizont sprang.

Mein Hindernis auf dem Weg zum Heck war der Steuerbord-Outrigger. Der Schlepparm war nicht in Gebrauch und stand deshalb senkrecht. Zwangsläufig mußte ich außen um den Outrigger herumgehen. In der einen Hand hielt ich die Rute und mit der anderen wollte ich mich am Outrigger festhalten und mich um ihn herumschwingen. Ich lehnte mich über Bord, nahm Schwung und plötzlich kippte der offenbar ungesicherte Arm nach außen – und ich hing mit einer Hand am jetzt waagerechten Outrigger. Es gab für mich nur einen Weg: nach unten.

Der Skipper stoppte das Boot und alle wollten mir aus dem Wasser helfen. Leider mußte ich sie zurückweisen. Soll der Fang legal sein, darf nur der Angler die Rute berühren. Die Besatzung eines anderen Boots erkannte die Lage und bot an, Frank an Bord zu nehmen, damit er weiterdrillen konnte. Er nahm die Hilfe dankbar an – er wußte, daß ich nicht aufgab.

Mein Segelfisch kämpfte weiter wie verrückt und nahm auf meine Situation keine Rücksicht. Ich machte mir Sorgen um die Schnur und die Reibung des Wassers, weshalb ich die Bremse etwas öffnete. Die Rute lag in einer Hand und mit der anderen hielt ich mich über Wasser.

Da entdeckte ich im Boot eine Pfortluke. Ich öffnete die Bremse noch etwas weiter und steckte die Rute in die Öffnung. Jetzt kletterte ich an Bord, rannte zu meiner Rute und zog die Bremse wieder fester zu. Kurze Zeit darauf war der Fisch besiegt. Ich hatte mir wirklich nicht viel bei der ganzen Aktion gedacht, aber der dritte Angler war begeistert. Er gratulierte mir zu meinem schönen Fang, zog sein T-Shirt aus und reichte es mir als Erinnerung. Ich nahm es dankbar an, zumal mein Hemd völlig naß war.

***» Soll der Fang legal sein, darf nur der Angler die Rute berühren. «***

Eine Viertelstunde später kam Frank mit seinem Segelfisch zurück. Jetzt konnten wir beide einen legalen Fang vorweisen und kassierten dafür Turnier-Punkte.

Letztendlich konnten wir den Wettbewerb zwar nicht gewinnen, aber das T-Shirt besitze ich noch immer. Ich bewahre es zusammen mit den Taucherflossen und dem Schnorchel auf, die mir meine Angelfreunde am Abend der Siegerehrung überreichten.«

# Das Kind und der König

Im tiefen Wasser des Michigan-Sees lebt der Chinook, der König der pazifischen Lachse. Das ganze Jahr über durchstreifen Schwärme der auch Königslachse genannten Fische das riesige Gewässer, bis sie das bevorstehende Laichgeschäft in die Flüsse und kleineren Seen der Umgebung treibt. Obwohl die Lachse im See nicht das Gewicht ihrer Verwandten in den Flüssen Alaskas und Kanadas erreichen, wachsen viele zu eindrucksvollen Größen heran. Es war im August 1993, als der erst sieben Jahre junge Champion Rankin einen Kapitalen landete, einen König der Könige.

Rankin und sein Vater schleppten schwimmende Wobbler an Downriggern unter ihrem 4,20 Meter langen Angelboot. Sie waren auf dem Père Marquette Lake, einem der kleinen Seen am Lake Michigan. Auf einmal bog sich eine Rute durch und das Wasser wirbelte neben dem Boot auf.

»Ich sah wie der Schwanz des Fischs die Oberfläche furchte«, sagte Rankin, »und ich dachte: ›Mann! Das ist ein ganz Großer!‹«.

Rankins Vater nahm die Rute aus dem Halter und reichte sie seinem Sohn, der sie fest in den Händen hielt und sich bemühte, die Flucht des Tiers zu stoppen. Trotz seinen erst sieben Jahren war Rankin schon ein erfahrener Angler. In den vorhergehenden zwei Jahren begleitete er seinen Vater oft auf der Jagd nach Lachsen und drillte viele selbst. Aber das war sein bisher größter Fisch und er wollte ihn unbedingt ins Boot bringen.

Der Lachs blieb stehen und verharrte im tiefen Wasser. Rankin lehnte sich mit seinem ganzen Körper zurück und gewann trotzdem nur einige Zentimeter Schnur zurück. Erst nach 20 Minuten ständigen Pumpens schlug der Wirbel schließlich an den Spitzenring. Rankins Vater lehnte sich über die Bordwand und griff den Fisch an der Schwanzwurzel. Ihre Breite war enorm, weshalb seine Hände sie nur mit Mühe umfassen konnten.

»Lachse kann man im Unterschied zu Forellen gut an der Schwanzwurzel halten«, erklärte Rankins Vater. »Deshalb nehme ich nie einen Kescher mit. Ich trage nur Handschuhe mit rauher Oberfläche, die einen rutschsicheren Halt auf dem Fisch bieten. Damit kann ich einen Lachs problemlos über die Bordwand ziehen. Aber das war ein richtig großer Fisch und ich mußte sehr aufpassen, damit er nicht ins Wasser zurückfällt.«

Der Lachs kam in die Fischkiste und wurde einige Stunden später im nächsten Angelladen gewogen. Er brachte 29 Pfund und 12 Un-

**Wußten Sie schon?**

***Der größte bisher bekannte Mondfisch wurde von einem Boot etwa 60 Kilometer vor Sydney in Australien überfahren. Der Kapitän konnte den Fisch nicht von den Schrauben lösen und kehrte in den Hafen zurück. Der Fisch war etwa 80 Zentimeter breit, über drei Meter lang und wog eindrucksvolle 4400 Pfund (1993 kg).***

Foto: Dick Rankin

***Der siebenjährige Champion Rankin hält seinen 13,5 Kilogramm schweren Königslachs im Arm, den er im Père Marquette Lake in Michigan fing.***

zen (13,5 kg) auf die Waage und war 102 Zentimeter lang.

»Mein größter Lachs hängt präpariert in meinem Laden«, sagte der Vater des glücklichen Fängers. »Er wog 30 Pfund. Wahrscheinlich war Champion´s Fisch genauso schwer oder lag noch etwas darüber, allerdings verlor er auf der langen Fahrt zur Waage an Gewicht.«

Beide Rankins waren stolz auf ihren Fang – besonders Champion, der seinem Vater den ganzen Erfolg als Angler verdankt. »Toll, daß mir mein Vater gezeigt hat, wie man große Lachse fängt«, meinte er. »Hoffentlich habe ich im nächsten Jahr wieder soviel Glück.«

# Im Endring gehakt

El Padre, wie sie ihn nannten, saß an Bord des mexikanischen Angelboots *Indo Mable* und markierte seinen ersten Gestreiften Marlin des Tages. Sein Freund und Angelpartner Bob Nunn stand an Deck und schaute zu.

Während El Padre noch mit dem Fisch kämpfte, entdeckte Bootsmann Roberto einen zweiten Marlin, dessen Flosse die Oberfläche durchschnitt. Roberto eilte zum Ködertank, köderte einen frischen *Caballito* an und warf ihn über die Reeling. Der Marlin faßte sofort zu und verschwand in der Tiefe.

Roberto setzte den Anhieb und reichte die Rute zu Nunn hinüber, der noch nie einen Marlin drillte. Die Rute hatte sich Nunn von einem Freund geliehen und war eine Sonderanfertigung mit vergoldeten Rollerringen und einer teuren Big-Game-Rolle.

Plötzlich und für Nunn unerwartet startete der Marlin eine heftige Flucht und riß ihm die Rute aus den Händen. Die geliehene Ausrüstung flog über die Reeling und versank in der tiefen See. Nunn war am Boden zerstört. Sein erster Marlin konnte nicht nur entkommen, vielmehr nahm er noch die teure Ausrüstung seines Freundes mit.

Im gleichen Augenblick entdeckte Roberto in der Nähe des Boots einen dritten Marlin. Er nahm eine andere Rute, beköderte einen Haken und hakte damit sofort den Fisch. Vorsichtig drückte er Nunn die Rute in die Hand, der darauf bedacht war, nicht noch einen Fisch zu verlieren – noch weniger eine weitere Rute.

Nunn drillte mittlerweile 20 Minuten, als eine Rute mit vergoldeten Rollerringen im Wasser auftauchte – die gleiche Rute samt Rolle, die über Bord ging! Der Haken, der sich eigentlich im Maul des zweiten Marlins von Nunn befinden sollte, hing genau im winzigen Endring der Rute. Irgendwie kreuzte Nunns zweiter Fisch den Weg des ersten und stieß dabei mit der sinkenden Rute zusammen. Der Aufprall schlug ihm vermutlich den Haken aus dem Maul, der dann wahrscheinlich im Spitzenring der verloren geglaubten Rute hängenblieb – fast ein Wunder.

Begeistert griff Roberto über Bord und holte die Sonderanfertigung zurück. Er gab sie an Nunn weiter, der glücklich die lose Schnur aufspulte. Zunächst hing die Leine locker durch, doch nach einigen Kurbelumdrehungen spannte sie sich überraschend und ein Marlin durchbrach das Wasser – derselbe, der die Rute über Bord riß!

Gerade hatte El Padre seinen Fisch zurückgesetzt und schaute verblüfft dem Geschehen zu, als Nunn den Gestreiften Marlin an die Bordwand führte. Roberto sprang an die Reeling und faßte den Marlin am Schwert. Er löste den Haken, ließ den Fisch schwimmen und ging zurück.

»*El Padre Grande!*«, rief er zum Himmel. Pater Ed Galyon, Priester bei der First Methodist-Kirche im kalifornischen Camarillo lächelte. Er war jemand, den die Einheimischen »El Padre« nannten und dem jetzt der wundersame Fang zugeschrieben wurde.

# 1000 Pfund in sieben Minuten

Kapitän Bobby Brown stand am Ruder des Charterboots *Kona Safari*, das die Gewässer vor Kona (Hawaii) durchpflügte.

Die Insel Maui lag am Horizont und die grünen Hänge des Vulkans Mauna Hualalai zeichneten sich im Hintergrund ab. Die beiden Motoren wirbelten das Meer auf und zogen die Köder durchs Wasser. Alle Augen an Bord suchten die Oberfläche nach etwas ab, das auf einen großen Fisch hindeutete.

Auf einmal signalisierte das Kreischen einer Rolle den ersehnten Biß. Ein Besatzungsmitglied nahm die Rute aus dem Halter und reichte sie einem Angler. Brown schob kurz die Gashebel nach vorn und sofort sprang ein gewaltiger Blauer Marlin aus dem Wasser. Er versuchte, sich durch heftiges Schütteln mit dem Kopf vom Haken zu befreien und klatschte zurück in die Fluten.

Der Fisch sprang noch einmal und wieder und wieder. Brown konnte schon oft beobachten, wie sich ein Marlin aus dem Wasser erhob und auf dem Schwanz tanzte – aber bei weitem nichts Vergleichbares.

»Ich bekam es fast mit der Angst zu tun«, sagte Brown. »Vom ersten Augenblick an ruhte der Fisch keine Sekunde. Er sprang nur ständig hinter dem Heck unseres Boots nach links und rechts, immer im Wechsel.«

Insgesamt sieben Minuten lang folgte ein Sprung auf den anderen. Angesichts dieser Energie blieb dem Angler nichts anderes übrig, als die Schnur unter Spannung zu halten und auf die Flucht in die Tiefe zu warten. Aber der Fisch blieb an der Oberfläche. Nur einmal durchbrach er sein bisheriges Verhalten, sprang auf das Boot zu und zwang Brown, das Boot blitzartig nach vorn zu beschleunigen.

»Der Marlin nahm nie mehr als ein paar Hundert Meter Schnur«, erzählte Brown. »Er schwamm wie ein Hund an der Leine nur parallel zu uns hin und her. Wir mußten nie hinterherfahren.«

Sieben Minuten nach dem Biß und sicherlich einer der bemerkenswertesten Akrobatikvorführungen, hatte sich der Marlin selbst zu Tode gekämpft.

Die erstaunte Besatzung brachte den Fisch an Bord, dessen Gewicht später mit 1170 Pfund (530 kg) festgestellt wurde. Der Drill fand an einer 80-Pfund-Schnur statt und hätte einen neuen Weltrekord bedeutet. Allerdings berührte außer dem Angler das Besatzungsmitglied zu Beginn des Drills die Rute, weshalb der Fang nicht anerkannt wurde.

**Wußten Sie schon?**

***An der Wasseroberfläche gibt es mehr Sauerstoff, als in tieferen Schichten. Schnelle Schwimmer wie Marline und Thunfische benötigen viel Sauerstoff, weshalb sie einen großen Teil ihrer Lebenszeit nahe dem Wasserspiegel verbringen. Langsame Schwimmer wie Zackenbarsche benötigen weniger Sauerstoff und bleiben über dem Grund.***

# 40 von 40 – die letzte Art

Bob Smith beugte sich zu seiner Tasche am Boden seines Schlauchboots hinunter. Er suchte den Tabaksbeutel heraus, stopfte sich langsam seine Pfeife und schaute auf, als eine sanfte Brise durch die enge Schlucht in den Sawtooth-Bergen strich. Seine von Wind und Sonne gegerbten Hände schützten die Flamme, bis der Geschmack des süßlichen Tabaks seine Lungen füllte. Die Oberfläche des Sees kräuselte sich im Wind, der bald an den Felsen entlangpfeifen würde, wie er es beinahe jeden Tag seit Smith´s Ankunft tat.

Im Alter von 80 Jahren konnte Smith auf den Fang fast aller 40 wilden Forellen- und Saiblingsarten Noramerikas zurückblicken – es fehlte nur noch der scheue Sunapee. Insgesamt 20 Jahre lang suchte er in den entlegensten Seen und Flüssen nach dem Fisch, um seinen Traum zu erfüllen.

Vor drei Tagen verabschiedete sich der Führer mit seinen Mulis von dem Angler und wollte zehn Tage später zurückkehren. Kaum war der Führer fort, begann eisiger Regen zu fallen und überzog die Erde mit einem harten Eispanzer.

Einsam baute Smith sein Lager in der Kälte auf. Er wählte einen Platz nahe am See und wartete drei Tage lang. Der Himmel blieb bewölkt, der Boden gefroren. Es war Oktober, eine kalte und ungemütliche Zeit in den Bergen von Idaho.

Smith´s kleines Schlauchboot und seine Angelausrüstung lagerten einsatzbereit vor dem Zelt. Unter dem Dach leuchtete eine Coleman-Laterne, daneben stand ein Feldbett. Smith ruhte sich aus, band Fliegen und wartete auf seine Chance zu fischen. Draußen heulte der Wind durch die Bäume und wehte schon bald Schneewolken über das einsame Tal.

***An seinem 81. Geb***
***tag fischte Bob Smi***
***auf den Sunapee –***
***letzte der Forellen-***
***Saiblingsarten Nor***
***amerikas, die er no***
***nicht gefangen hat***

Am dritten Tag legte sich der Sturm und die Wolken lockerten auf. Heute war Smith´s 81. Geburtstag, ein bitterkalter Tag mit 30 Zentimetern Schnee auf der Erde. Das hielt Smith nicht davon ab, ans Wasser zu eilen und auf den See hinauszurudern. Den ganzen Tag lang schleppte er beschwerte Fliegen und hoffte auf einen Biß – jedoch vergeblich.

Am nächsten Morgen erwachte er früh und fischte eine der wenigen Untiefen am äußersten Ende des Sees ab. Er schleppte eine »Black Leech« an einem versunkenen Felsgrat entlang, als sich die dünne Rute ohne Vorwarnung mit einem Ruck bog. Er zögerte einen Augenblick, griff dann aber blitzartig zu und setzte den Anhieb. Der Fisch kämpfte härter als die hier in größerer Zahl lebenden Bachsaiblinge und flüchtete mehrmals, ohne dabei die Wasseroberfläche zu durchbrechen.

Einige Minuten später senkte Smith das Netz seines Keschers ins Wasser und sah seinen Fisch – ein hell silbern glänzender Sunapee-Rogner. Er war 40,5 Zentimeter lang und wog etwa anderthalb Pfund. Smith ruderte mit seinem Fang ans nahe Ufer und legte den Fisch vorsichtig auf den Boden. Er drückte mehrmals auf den Auslöser seiner Kamera und setzte den Sunapee in den See zurück.

Als der Fisch durch die Untiefe davonschwamm, stiegen Tränen in Smith´s Augen. Hier, unter den glänzenden Gipfeln des Sawtooth-Gebiets, endete seine lange Suche. Er blickte über den See und erinnerte sich an jeden Fisch und an jedes Abenteuer. Und jetzt hatte sich sein Traum erfüllt.

Foto: Bob Smith

***Nach fast einem ganzen Menschenleben gefangen: Bob Smith´s weiblicher Sunapee von 40,5 Zentimetern Länge.***

# Der Tandem-Marlin

»Hol' ihn ein!«, rief Kapitän Kenny Dickerson vom Steuer des 14,5 Meter langen Angelboots *Highland Queen* aus. »Swede, nimm die Aufputschmittel. Wir wollen die Fische etwas in Schwung bringen.«

Dickerson und sein Bootsmann Swede schleppten vor der kalifornischen Küste bei San Diego. Es war der Sommer 1964. Die Hippies waren gut drauf, alles war cool und die Angler bezeichneten Marlin-Jigs als ›Aufputschmittel‹: Drei zu einem Bündel zusammengefaßte, bunte Plastikfedern, die hohe Schleppgeschwindigkeiten aushielten und damit ein größeres Gebiet absuchen konnten.

Dickerson blickte zurück zu den Ködern und entdeckte die Flossenspitzen von zwei Marlinschwänzen, die hinter dem Boot das Wasser teilten. Ein plötzlicher Schwung des Schwerts des einen Fischs und die Steuerbord-Rolle kreischte unter dem ersten Biß auf. Der zweite Marlin zögerte, sprang dann über die Leine des ersten und nahm offenbar den zweiten Köder – aber es war kein Biß an der Rute zu erkennen und Swede holte die Leine ein.

An diesem Tag hatte ein Anfänger im Hochsee-Angeln aus Michigan das Boot gemietet. Sein Marlin stemmte sich gegen die Schnur und schwamm parallel zum Boot. Plötzlich schrie Swede zu Dickerson, daß er beide Motoren sofort abschalten soll. Swede rannte zur Bordwand, beugte sich nach außen und zog Augenblicke später einen toten Marlin hoch.

»Wo um Himmelswillen kommt der her?«, fragte Dickerson.

»Er hat sich in unserer Schnur verfangen«, erklärte Swede und wickelte die Leine von der Schwanzwurzel des Fischs ab. Gerade noch rechtzeitig – denn plötzlich schoß die Schnur aus dem Wasser und hätte den Angler um ein Haar über Bord gerissen. Swede wandte sich dem zweiten Marlin zu, der jetzt ans Boot kam, und zog ihn schließlich auf das Deck.

Beide Fische waren Gestreifte Marline und wogen jeweils etwa 120 Pfund (55 kg). Dickerson erlebte so etwas nach 30 Jahren Angelerfahrung das erste Mal. »Ich hatte zwar schon hin und wieder von zwei Fischen gehört, die an einer Schnur gefangen wurden. Aber das waren immer Schwarmfische, die in großer Zahl eng beieinander schwimmen. Außer unseren Marlinen konnten wir jedoch weit und breit keinen anderen Fisch entdecken. Außergewöhnlich war es auch, daß sich die Leine um die Schwanzwurzel des Fischs legte. Die Schnur schnitt hinein und verkeilte sich in einem Wirbel. Wir konnten froh sein, daß die Schnur dabei nicht gerissen ist oder, noch schlimmer, den Schwanz des Marlins abgeschnitten hat.«

Foto: Familie Grimaldi

***Gina Grimaldi (links) und ihre Zwillingsschwest[er] Toni fingen berei[ts] auf ihrer zweiten Tiefsee-Ausfahrt gleich zwei Marl[ine]***

# Dicke Katzenwelse in Handarbeit

Beim Fischen interessiert sich John Pidcock nur für eines: große Katzenwelse. Sie leben in dunklen, gefährlichen Spalten und erreichen die Maße von kleinen Fässern. Pidcock sucht die Flüsse im US-Bundesstaat Oklahoma nach Biberdämmen, unterspülten Ufern, großen Felsblöcken und tiefen Löchern ab – die Plätze, wo Katzenwelse leben und laichen. Er nimmt kein Angelgerät mit, sondern nur ein Seil. Denn er betreibt etwas, was die Amerikaner als ›noodling‹ bezeichnen. Er taucht in ein dunkles Loch, wo vielleicht ein Wels haust, und tastet nach einem weichen, bewegungslosen Fisch. Hat er ein Tier gefunden, versucht er es zu einem Angriff zu provozieren. Erfolgt er schließlich, hält Pidcock dem Fisch seine Hand hin, greift in das offene Maul und zieht den Fisch aus dem Loch. Diese Angelart ist in den USA durchaus legal und erfreut sich in vielen südlichen Bundesstaaten großer Beliebtheit.

»Wir beginnen im Frühjahr, sobald das Wasser warm genug zum Schwimmen ist«, erklärte Pidcock.

Noodling gilt als ein wenig gefährlich. Immerhin gibt es Bisse von Bibern, giftige Schlangen, scharfe Felsen und so große Welse, die einen Mann unter Wasser halten können. »Besonders hart traf es einen alten Mann, der im Chicken Creek beim Ten Killer-See mit der Hand fischte«, sagte Pidcock. »Er fing in den 20er Jahren mehrere Fische von teilweise über 90 Pfund (41 kg). Einer der Fische nahm seinen Arm bis zum Ellenbogen ins Maul und zog ihm das ganze Fleisch vom Unterarm ab, der schließlich amputiert werden mußte.«

Pidcock behielt bisher zwar alle Glieder, wurde jedoch im Cimmaron River von einer verärgerten Bisamratte gebissen. Da Pidcock Gitarre spielt, trägt er zum Schutz seiner Hän-

Foto: John Pidcock

***»Noodler« John Pidcock mit dem fast 22 Kilogramm schweren Katzenwels, den er aus einem Biber-Damm im Deep Fork River bei Luther in Oklahoma zog.***

de beim Fischen stets Handschuhe. Damit faßte er in den Hohlraum, wo die Bisamratte lebte. Der Nager grub seine scharfen Zähne sofort in die Finger und schickte damit einen stechenden Schmerz in die Hand. Pidcock kehrte ans Ufer zurück und zog den blutigen Handschuh aus. Seine Oberseite zeigte Bißspuren, unten war nichts zu sehen. Allerdings biß der Nager einen Finger glatt durch, verfehlte aber den Knochen. »Die unteren Zähne müssen mich verfehlt haben«, vermutete Pidcock.

***» Der Fisch wog 48 Pfund. Sein Unterkiefer war sehr kräftig und füllte die ganze Hand aus. Er schnappte so fest zu, daß er mir einen Finger brach. «***

Im Juli 1993 erwischte Pidcock im Deep Fork River seinen größten Wels. Er arbeitete sich dabei weit in einen Biberdamm hinein und drängte den Fisch in die Enge. Als ihn der Fisch biß, faßte er ihn mit beiden Händen am dicken, zahnbewehrten Unterkiefer.

Zwei von Pidcock´s Freunden, Carl Harris und Ivan Church, hielten den Fischer am Eingang des Damms an den Beinen. Pidcock gab ein Signal und die beiden zogen ihn samt dem Katzenwels aus dem Loch.

»Der Fisch wog 48 Pfund (21,7 kg)«, sagte Pidcock. »Sein Unterkiefer war sehr kräftig und füllte die ganze Hand aus. Er schnappte so fest zu, daß er mir einen Finger brach.«

Die »Noodler« fangen ihre Fische während der Laichzeit, wenn die normalerweise ruhigen Tiere aggressiv auf Störungen reagieren. Die Fischer warten den ganzen Winter über auf den Tag, wo sie sich wieder durch die oft weniger als einen halben Meter weiten Tunnel zwängen können, die vom Ufer in die Biberbauten führen. Dort liegen die großen Katzenwelse, bereit zur Paarung und schnellen Angriffen.

# 75 Marline an einem Tag

Kapitän Mike »Beak« Hurt fing in seinen über 20 Jahren am Ruder schon viele Fische. Als er mit seiner Mannschaft drei Tagesreisen von San Diego entfernt Cabo San Lucas in Mexiko erreichte, erhielt der Begriff »viele Fische« jedoch eine völlig neue Bedeutung.

»Ich führte ein 14-Meter-Boot für einen Kunden, der am nächsten Tag mit dem Flugzeug zu uns stoßen wollte«, erzählte Hurt. »Bis dahin konnten wir einen Tag lang angeln und fischten schließlich mit einigen anderen Booten die Gegend ab. John ›Zuker‹ Lloyd entdeckte von Bord der *Galaxy* aus an der ´Jaime Banks´ genannten Sandbank die ersten Fische. Als er uns per Funk über den dritten Biß informierte, waren wir schon auf dem Weg.«

Hurt und seine Mannschaft erreichten kaum die Kante der Jaime Banks, als schon der erste Marlin hing. Es war ein Gestreifter Marlin, der rasch gelandet und zurückgesetzt wurde. Die Schnüre lagen schnell wieder im Wasser und sofort griffen drei Fische die Köder an. Einer kam ab, die anderen konnten an die Bordwand gebracht werden.

Die Fänge gingen weiter. Es gab häufig zwei und noch mehr Bisse auf einmal. Es schwammen so viele Marline um das Boot herum, daß die Angler mit jeder Angelmethode sowohl beim Schleppen als auch vom treibenden Boot aus fingen. Die Fische bissen genauso auf Köderfische als auf Kunstköder. »Es war bemerkenswert«, sagte Hurt. »Wir konnten uns kaum lange genug von den Marlin-Schwärmen fernhalten, um ausreichend Köderfische zu fangen.«

Der Höhepunkt des Tages war erreicht, als das Boot über einen dicken Makrelenschwarm trieb. Die Angler führten Köderfische über dem Schwarm und bekamen acht Bisse gleichzeitig. Die Schnüre rasten der Oberfläche zu und die Angler hatten Mühe, sie auseinanderzuhalten.

»Das war eine völlig neue Erfahrung für mich«, sagte Hurt. »Vielleicht hat vorher noch kein Angler auf der ganzen Welt etwas Vergleichbares erlebt. Die Marline stiegen wie Raketen um uns herum aus den Fluten. Die Angler liefen beim Auseinanderhalten ihrer Schnüre umeinander herum und ich konnte nur zusehen.«

Zwei der Fische schüttelten den Haken ab, die übrigen sechs kamen ans Boot und wurden zurückgesetzt. Und die Marline bissen weiter. Am Ende des Tages blickten die Angler auf 75 aufregende Drills zurück.

»Es war ein unglaublicher Tag«, lachte Hurt, »die armen Jungs konnten keine einzige Pause einlegen.«

**Wußten Sie schon?**

***Ein zehnpfündiger Thunfisch erhielt 1974 eine Markierung und wurde zwölf Jahre später mit einem Gewicht von 605 Pfund (274 kg) wiedergefangen.***

# Das Diebesgut und das Reh an der Leine

Merkwürdige Dinge geschahen Bob Thiry beim Angeln. Während dem Fischen auf Zander (Anm. d. Übers.: gemeint ist der amerikanische Verwandte namens Walleye) fing er in einem See ein Paket mit Schecks und half damit, einen Kriminellen zu überführen. Und einige Wochen später hakte er beim Hechtangeln am Fluß sogar ein Reh...

Thiry fischte schon fast 30 Jahre am Cross Lake bei Pine City in Minnesota. Der knapp zehn Kilometer lange See war randvoll mit Fischen. Schwarzbarsche, Zander und Hechte bevölkerten ihn. Mit seinen Wathosen stand Thiry im etwa einen Meter tiefen Wasser und warf seinen Wobbler aus.

»Diese Seite des Sees hatte ich schon wenigstens fünf Jahre nicht mehr befischt«, sagte Thiry. »Und an diesem Morgen spürte ich, daß ich dorthin gehen und auf Hechte und Zander angeln sollte.« Schon nach einigen Kurbelumdrehungen faßte etwas den Köder. »Ich setzte den Anhieb. Dem Gefühl in der Rute nach zu urteilen, mußte eine große Schnappschildkröte am Haken hängen.«

Thiry zog weiter und ein glänzender Messinggriff tauchte auf. Er zog das Ding ans Ufer, beugte sich vor und löste eine Mappe vom Haken. Sie war voll mit gültigen Schecks und einem Stapel mit mehreren Listen über unbezahlte Rechnungen, die der örtlichen Futtermühle gehörten. Die Namen auf den Schecks stimmten mit verschiedenen Einträgen auf den Blättern überein, wie Thiry feststellte.

Der Angler staunte: »Es war zwar kein Bargeld, aber die Schecks besaßen insgesamt einen Wert von über 13000 Dollar und die Seiten mit den offenen Posten waren dem Besitzer der Mühle bestimmt noch ein Mehrfaches wert.«

Nachdem Thiry einen Großteil seines Lebens in Pine City verbrachte, kannte er jeden Einwohner persönlich – einschließlich dem Besitzer der Futtermühle. »Ich ging zurück in die Stadt, trank in der Bäckerei eine Tasse Kaffee und traf dort zufällig den Sheriff. Einige Wochen lang war ich nicht in der Stadt und fragte den Polizisten deshalb nach Diebstählen in der letzten Zeit.« Tatsächlich ereigneten sich in einer Nacht zwei Einbrüche, einer davon

in der Mühle und Thiry erzählte von der Mappe.

Mit der Erlaubnis des Sheriffs trug er seinen Fang zum Besitzer des Betriebs. Er ging in das Büro seines Freunds und fragte ihn, ob er kürzlich mit dem Gesetz in Konflikt geraten wäre. Der verwirrte Besitzer sah ihn mit großen Augen an. Thiry lächelte und legte die Mappe auf den Tisch und fragte den Freund, warum er seine Unterlagen in den See wirft.

»Mein Kumpel konnte es kaum glauben. Er flippte beinahe aus, denn es war die einzige Liste über die offenen Forderungen an seine Schuldner. Der Fund bedeutete für ihn tatsächlich eine Menge Geld.«

Am nächsten Tag schickte der dankbare Mühlenbesitzer seinem Freund vier Liter feinsten »Canadian Club«-Whiskey ins Haus. Der Sheriff hatte genauso Grund zur Freude. Denn die wiedergefundene Mappe und Thirys Zeugenaussage halfen beim Überführen des Täters, den die Polizei kurz vor dem Überqueren der Grenze von Minnesota nach Kanada festnahm.

Drei ruhige Wochen gingen ins Land. Thiry fischte mit einem Freund vom langsam treibenden Boot aus im Snake River auf Hechte. Er warf seinen Köder über das Wasser, vergaß jedoch die Spule seiner Multirolle beim Auftreffen des Köders auf das Wasser mit dem Daumen zu stoppen – die Spule überdrehte und eine dicke Schnurperücke lag auf der Rolle.

»Ich wollte sie gerade entwirren, als ich ein Platschen hörte und ein Reh über den Fluß schwimmen sah. Es ruderte genau auf meine Leine zu und ich konnte nur hoffen, daß sich das Tier nicht darin verfing«, sagte Thiry.

Er arbeitete zügig und löste gerade die letzte Schlaufe, als das Reh in die Schnur geriet. Der Haken verfing sich im Brustbereich und das Tier riß Thiry fast die Rute aus der Hand. Schließlich erreichte es das Ufer und die 35 Pfund tragende Schnur brach bei der Flucht des Rehs in den Wald.

Thiry, der in Pine City als geschickter Rehjäger bekannt war, saß sprachlos im Boot. »Wir trieben so leise dahin, daß uns das Reh wohl nicht bemerkte«, meinte er später.

# Doppelter Super-Grand-Slam

»Das Angeln war in diesem Jahr einfach Spitze«, sagte Kapitän Tim Choate. »Ich arbeitete in LaGuaira (Venezuela) als Besatzungsmitglied auf einem etwa 15 Meter langen Angelboot. Im frühen Herbst 1984 hatten wir gerade unseren 1000. Marlin gefangen. Außerdem erreichten wir die höchste Wertung im »International Women´s Association´s 1984 Tournament«, einem Angelwettbewerb für Damen und fingen sieben Grand Slams.«

Unter »Grand Slam« verstehen die Hochsee-Angler den Fang von einem Blauen und einem Weißen Marlin sowie einem Segelfisch an einem Tag. Demnach bedeutet ein »Double« Grand Slam den Fang von jeweils zwei Fischen einer Art. Und ein »Super« Grand Slam bedeutet den zusätzlichen Fang eines Schwertfischs.

»Die Erwartungen lagen unglaublich hoch, nachdem wir unseren siebten Grand Slam gefangen hatten«, sagte Choate. »Wir begrüßten wieder dieselben Gäste an Bord: die Weltklasse-Angler Bob Herder, Bud German und Terry Detrich. Sie steuerten am Vortag über ein Dutzend Schwertfische zu unserem Grand Slam bei.«

Der Himmel über LaGuaira war klar und die See lag ruhig im Sonnenlicht. Choate bereitete frische Köderfische vor, während der Bootskapitän ein für den Blauen Marlin bekanntes Gebiet ansteuerte. Gegen 9.15 Uhr lagen die Köder im Wasser und schon eine halbe Stunde später ging ein kleiner Blauer Marlin an den Haken, erhielt eine Markierung und wurde zurückgesetzt.

»Augenblicke später kreischten zwei Rollen auf und zwei Segelfische sprangen hinter dem Bootsheck. Wir landeten den einen, verloren aber den zweiten, da er den hakenbewehrten Kopf des Köders verfehlte«, erzählte Choate.

Weitere dreißig Minuten vergingen. Ein weiterer Segelfisch biß und wurde schnell zurückgesetzt. Jetzt ersetzten die Angler die Köderfische durch Marlin-Jigs und der Kapitän steuerte mit erhöhter Schleppgeschwindigkeit ein neues Gebiet an.

»Unterwegs knüpfte Bob Herder einen speziellen selbstgebauten Jig an und hakte kurz nach dem Auslegen den zweiten Blauen Marlin. Er war deutlich größer und konnte erst nach einem anderthalbstündigen Kampf auf das Deck gezogen werden.«

Die nächsten Stunden ging nicht viel, weshalb der Kapitän Kurs auf einen Fangplatz für Weiße Marline nahm. Kurz vor drei Uhr fingen die Angler den ersten Fisch, mit dem der achte Grand Slam des Jahres stand.

»Wir hatten noch eine Menge Zeit mit Tageslicht vor uns, weshalb wir weiterangelten«, sagte Choate. Um 17.15 Uhr landeten wir einen weiteren Segelfisch. Und wenig später setzten wir noch einen Weißen Marlin zurück, der gleich zwei Köder auf einmal genommen hatte. Acht Minuten darauf freute sich Bud German über einen Fisch der gleichen Art – insgesamt mehr als genug für einen Double Grand Slam.«

Die Angler fischten bis in die Dämmerung hinein und addierten weitere drei Weiße Marline zu ihrer Rechnung. Es war ein bemerkenswerter Tag. Jetzt tauschten die Fischer ihre leichten 20-Pfund-Ausrüstungen gegen schweres 80-Pfund-Gerät. Es sollte im Dunkeln auf Schwertfisch gehen. Der Kapitän fand rasch ein günstiges Gebiet an einem Riff, das etwa 360 Meter unter der Oberfläche lag. Um 19.15 Uhr verschwanden drei Köderfische in der Tiefe.

Die Ruhe der nächtlichen See wurde plötzlich durch das langsame Klicken einer Rollenbremse unterbrochen – ein typischer Schwertfisch-Biß. Detrich setzte gerade den Anhieb, als die nächste Rätsche einen Biß signalisierte. Herder nahm die Rute und kurz darauf hing der zweite Fisch.

Choate: »Bob Herders Schwertfisch erwies sich als klein und kam deshalb rasch an Bord. Jetzt konnten wir uns eigentlich zu einen Super Grand Slam gratulieren, aber noch kämpfte der größere Fisch.«

Detrich drillte ihn ruhig mit weich eingestellter Bremse. Der Fisch hatte den Großteil der Leine von der Spule gezogen und schwamm stur im tiefen Wasser.

»Wir waren uns über die Art nicht sicher«, so Choate. »Aber schließlich verließ der Fisch die Tiefe und bald konnte ich das Vorfach greifen. Der Fisch durchbrach die Oberfläche und ich rief: ´Es ist ein Schwertfisch!´. Er war deutlich größer als der zuerst gelandete und Tom zog ihn mit dem Gaff rasch an Bord. Jetzt brach ein unbeschreiblicher Jubel aus: Wir freuten uns über den ersten Double Super Grand Slam, der bisher bekannt wurde.«

Foto: Bob Herder

***Eine Erinnerung an den einzig bekannten Double Super Grand Slam. Von links: Tom Ross, Tim Choate und Mike Aman.***

# Der anhängliche Hai

An einem warmen Aprilmorgen fuhr Mike Leech, der Direktor der International Game Fish Association (IGFA), mit seiner Frau und seinem Vater auf Leechs Elf-Meter-Boot *Off Call* für einige Tage zum Fischen. Der Kurs lag in Richtung auf den Golfstrom.

»Es war Samstag und wir schleppten südlich von Bimini. Wir fingen einige Dolphins, Barrakudas sowie einen Amberjack, die wir markierten und zurücksetzten«, erzählte Leech. »Mittags ankerten wir in etwa zehn Meter tiefem Wasser auf der Leeseite einer kleinen Felseninsel nördlich von Cat Cay. Meine Frau Gussie richtete einige belegte Brote her, während ich die leichten Ruten zum Grundfischen vorbereitete.«

Die Fische bissen gut und bald füllte sich der Fischtank mit kleinen Zackenbarschen und anderen Barschartigen. Die drei Angler beendeten ihr Mittagessen, lichteten den Anker fuhren zum Schleppen an den Rand des Golfstroms.

Leech köderte drei Fische an und setzte zwei davon an den Outriggerarmen aus, der dritte schwamm am Downrigger in gut 30 Metern Tiefe. Gussie steuerte das Boot, während Leech und sein Vater auf Bisse warteten. Nach weniger als einer Stunde erschien ein dunkler Hai an der Oberfläche, tauchte ab und griff den Köder am Downrigger an.

»Mein Vater nahm die Rute und nach zehn Minuten schwamm der knapp zwei Meter lange Fisch neben dem Boot. Ich versah ihn mit einer gelben Markierung des National Marine Fisheries Service und schnitt das Vorfach ab. Vorher habe ich noch ein Plastikband durchtrennt, das um den Körper des Fischs lag und sich bereits eingeschnitten hatte.«

Leech versah die Haken mit drei frischen Ködern und fünf Minuten später schlugen die beiden Outrigger wieder gleichzeitig unter einem Biß aus. Die beiden Angler griffen zu den gebogenen Ruten und erkannten rasch, daß sie mit dem gleichen Fisch kämpften. Es war ein Hai, von dessen Rücken eine hellgelbe Markierung hing.

»Wir hatten den Hai von vorhin noch einmal gefangen«, so Leech. »Und er nahm beide Köder auf einmal. Ich schnitt die Vorfächer ab und beobachtete, wie der Fisch davonschwamm. Mit drei neuen Ködern setzten wir das Schleppen mit langsamer Geschwindigkeit fort.«

Fünf Minuten später signalisierten die Outrigger nochmals gleichzeitig einen Biß. Leech und sein Vater setzten beide einen Anhieb und warteten vergeblich auf die Flucht eines starken Fischs. Statt dessen tauchte wieder die bekannte, gelbe Markierung samt dem Hai auf.

»Wir holten ihn ein und ich durchschnitt die Vorfächer am vierten und fünften Haken in seinem Kiefer. So langsam gingen uns die Köder aus, weshalb Gussie das Boot auf Höchstgeschwindigkeit brachte und wir das Gebiet verließen.«

Gussie steuerte das Boot mit der Strömung nach Norden. Sie fuhr etwa drei Kilometer weit, bevor wir das Angeln mit drei frischen Köderfischen fortsetzten. Nach 30 Minuten verneigte sich die Rute am Downrigger, scheinbar unter dem Zug eines großen Fischs. Leechs Vater hielt die Rute und begann zu pumpen.

Nach fünf Minuten stieg ein dunkler Hai mit einer gelben Markierung aus der Tiefe auf.

»Wir konnten es nicht glauben«, sagte Leech. »Es war wieder der gleiche Hai mit derselben gelben Markierung am Rücken. Und in weniger als einer Stunde mußte ich zum sechsten Mal ein Vorfach an seinem Maul abschneiden.«

Leech köderte drei ältere Meeräschen an und Gussie fuhr in Richtung Hafen. Die frischen Köderfische waren weg und der anhängliche Hai kam nie wieder zurück.

***Eine andere Hai-Geschichte: Vielleicht erfuhr dieser Blaue Marlin nie, was mit ihm geschah. Bob Jones und seine Tochter Alicia kämpften bei den Jungfern Inseln 15 Minuten lang mit dem Fisch und plötzlich hing die Schnur durch. Ein auf etwa 3000 Pfund geschätzter Hai hatte den Körper des 600-Pfund-Marlins direkt hinter dem Kopf abgebissen.***

Foto: Bob Jones

# Der Wels in der Wanne

Mel Coulston und sein ein Jahr alter Sohn, Mel jr., saßen am Ufer des Pina Blanca-Sees. Er liegt in Arizona nahe der mexikanischen Grenze etwa 70 Kilometer südlich der Stadt Tucson. Coulston angelte auf Katzenwelse, während sein Sohn in einem Babystuhl mit gefedertem Sitz saß und glücklich darin hüpfte.

Es war jetzt Mittag und die Erfolge konnten sich sehen lassen. Der Angler köderte wieder einen Brocken blutiger Hühnerleber an und warf aus. Weniger als eine Stunde später griff ein Wels zu.

***» Ich wußte genau, daß mir ohne den Fisch niemand die Geschichte glauben würde. Deshalb nahm ich ihn mit nach Hause und setzte ihn in die Badewanne. «***

»Ich spürte schon beim Anhieb, daß es ein großer Fisch war«, erzählte Coulston. »Vielleicht ein Neunpfünder. Während ich drillte begann mein Sohn in seinem Sitz auf und nieder zu springen und bewegte sich dadurch immer näher auf das Ufer zu. Er hüpfte solange, bis er ins Wasser fiel und mit dem Rücken voraus unterging.«

Und kurz vor dem Ufer bricht der Seeboden steil bis auf eine Tiefe von zwei bis zweieinhalb Metern ab. Coulston warf seine Rute zur Seite, sprang ins Wasser und konnte den versinkenden Mel jr. retten. Er kletterte aufs steile Ufer, wo noch der Stuhl lag. Die Rute war jedoch weg.

Coulston ging zum Auto, suchte trockene Kleidung sowie seine Ersatzausrüstung heraus. Am Ort des Mißgeschicks köderte er wieder eine Leber an und warf sie ins tiefe Wasser.

»Nach längerer Zeit hatte noch immer nichts gebissen und ich holte meine Schnur ein«, sagte Coulston. »Es ging ungewöhnlich schwer, aber es war kein Fisch. Vielmehr zog ich meine erste Rute aus dem Wasser und hatte kaum den Haken von ihr gelöst, als ich einen harten Schlag am Ende der Schnur spürte – der Fisch hing noch immer.«

Coulston landete den Wels und legte ihn aufgeregt in eine große Kühlbox, die er mit Wasser und etwas Eis füllte. Ein anderer Angler half ihm, die schwere Kiste zum Auto zu tragen.

»Ich wußte genau, daß mir ohne den Fisch niemand die Geschichte glauben würde. Deshalb nahm ich ihn mit nach Hause und setzte ihn in die Badewanne«, sagte Coulston, der Tucson wohnt.

Der große Katzenwels nahm beinahe die gesamte Länge der Wanne ein.

Der Angler lud Freunde ein, die seinen Fang bezeugen sollten. Am nächsten Morgen packte er das Tier wieder in die Kühlbox und fuhr zum See zurück.

»Offenbar machte meinem Wels die einstündige Fahrt nichts aus«, meinte Coulston. »Das Eis sorgte für eine niedrige Temperatur, ähnlich wie im See. Ich wollte ihn niemals töten. Viel lieber brachte ich ihn wieder zum Fangplatz und setzte ihn zurück. Er schwamm weg, als wäre nichts geschehen.«

# Glückliche Wende

Chris Muhleman verbrachte einen Sommer in der direkt am Pazifik gelegenen Stadt Garibaldi in Oregon. Er arbeitete als Besatzungsmitglied an Bord des Charterboots *D&D 1*, das in der Tillamook-Bucht lag.

»Es war ein toller Sommer«, erinnerte sich Muhleman. »Ich wurde dafür bezahlt, Leuten beim Angeln zu helfen. Der Kapitän erklärte mir geduldig die Feinheiten des Lachsfischens und meine Angeltechniken verbesserten sich mit jedem Tag.«

Muhleman angelte bei jeder Gelegenheit, gewöhnlich in den Pausen während den ganztägigen Touren. Er fischte mit den kräftigen Leihruten, aber Mitte Juli packte ihn das Verlangen, einen großen Lachs an leichtem Gerät zu fangen. »Die Angelsaison dauerte nur noch knapp zwei Wochen«, sagte Muhleman. »Ich ging zur Bank, hob meine speziell für eine Angelausrüstung gesammelten Ersparnisse ab und kaufte mir für 150 Dollar eine gute Kohlefaser-Spinnrute samt passender Rolle.«

Am nächsten Tag herrschte ideales Angelwetter. Die Morgenluft war kühl und kein Windhauch kräuselte das Wasser in der Bucht. Sechs aufgeregte Passagiere kletterten an Bord

***Chris Muhleman mit einem schönen Silberlachs***

Foto: Chris Muhleman

des 8,5 Meter langen Boots. Nach der üblichen Einweisungs-Rede machte Muhleman die Leinen los und füllte die Kaffeebecher, während der Kapitän Kurs auf die Fischgründe nahm.

Außerhalb der Bucht wogte die See in langen, glänzenden Wellen. Der Kapitän fuhr der Küste entlang nach Norden zu einem Gebiet außerhalb der Nehalem-Bucht, wo die Silberlachse dem Gerücht nach auf Futtersuche gingen.

»Der Skipper nahm über einem vielversprechenden Riß im Meeresboden das Gas zurück und ich bereitete rasch die Ruten vor. Schon bald konnten die Angler fischen und warteten auf den ersehnten Zug an der Leine. Jetzt griff ich zu meiner brandneuen Ausrüstung, beköderte den Haken mit einem Hering und warf ihn in das wirbelnde Wasser. Das Boot verfügte nur über sechs Rutenhalter, weshalb ich das Handteil meiner Rute in eine andere Öffnung des Boots steckte. Sie schien sicher zu halten und im Falle eines harten Bisses konnte ich sie schnell erreichen.«

Fünfzehn Minuten lang passierte überhaupt nichts. Muhleman wollte sich gerade ein Glas Wasser holen, als ein großer Lachs den Köder nahm und seine Rute mit einem Schwung über Bord riß.

»Ich war fix und fertig«, sagte Muhleman. »Es ging so schnell und ich hatte keine Chance. Plötzlich kam ein gehakter Lachs an die Oberfläche und schüttelte wild seinen Kopf, um sich vom Haken zu befreien. Ich entdeckte meine Rute unter Wasser, die der Fisch hinter sich herzog. Ich rief den Anglern zu, sie sollten ihre Schnüre einholen. Der Kapitän drehte dann das Boot und fuhr auf den Fisch zu. Mit einem Kescher bewaffnet rannte ich zum Bug.«

Muhleman kniete auf dem Deck und versuchte den Fisch ins Netz zu schöpfen. Aber er verfehlte ihn stets um wenige Zentimeter. Der Skipper fuhr jetzt neben den Fisch. Inzwischen kamen auch andere Charterboote näher und die Skipper feuerten Muhleman lauthals an. Kein Wunder, daß auch ein wenig Spott nicht fehlte.

»Die ganze Flotte hatte eine Menge Spaß mit mir«, sagte Muhleman. »Und ich war am Ende, als der Fisch plötzlich verschwand. Bestimmt war mein guter Name für immer ruiniert. Traurig ging ich zum Heck zurück und beköderte wieder die Haken der Passagiere. Ich zog das schwere Bleikabel herein, mit dem wir die Schnüre in einer bestimmten Tiefe hielten. Während meiner Kescheraktion fand ich natürlich keine Zeit dazu, weshalb wir das Kabel hinter dem Boot herschleppten. Ich zog es aus dem Wasser und wollte gerade die Schnüre der Angler einklinken. Auf einmal entdeckte ich meine Rute, die sich mit der Leine im Kabel verfangen hatte.«

Muhleman bekam das neue Gerät zu fassen und wickelte die verfangene Schur vom Bleikabel. Gerade wollte er die lockere Schnur einkurbeln, als sie sich plötzlich spannte und weitere Leine von der Spule raste.

Überrascht vom unerwarteten Zug lehnte sich Muhleman gegen die Kraft am anderen Ende der Leine zurück. »Ich war sicher, daß der Fisch schon längst die Schnur sprengte«, erzählte er. »Jetzt hatte ich ihn wieder und nach einem harten 15-Minuten-Drill hob ich den 15 Pfund schweren Silberlachs an Bord.«

»Es war der größte Lachs der Saison und alle in der Nähe fahrenden Skipper gratulierten mir über Funk. Ich fühlte mich großartig – besonders, nachdem ich noch Minuten zuvor scheinbar alles verloren hatte.«

# Doppelt hält besser

Über mangelnde Fänge konnten sich Tom und Polly Gillen nach den ersten Angeltagen nicht beschweren. Sie waren an Bord der *Pizazz*, einem Zwölf-Meter-Boot, das Kapitän Cami Garnier steuerte. Die beiden fischten in der Nähe von Cabo San Lucas in Mexiko und setzten bereits drei Gestreifte Marline nach dem Markieren wieder zurück. Ein vierter ging gleich nach dem Biß verloren. Dann setzte ein heftiger Nordwind ein, der das Boot in den Hafen zwang. Dort warteten die Angler fünf Tage lang geduldig auf das Ende des Sturms.

Am sechsten Tag klarte das Wetter auf. Garnier startete die Maschinen und die drei fuhren zu den Gorda Banks – ein Riff, das knapp 40 Kilometer nordöstlich vor Cabo San Lucas liegt. Bald fingen sie die ersten Dorados und Garnier entdeckte plötzlich einen Gestreiften Marlin. Tom nahm seine leichte 12-Pfund-Ausrüstung, köderte eine Makrele an und rannte zum Bug. Er warf den Köder direkt auf den Marlin zu und wartete.

Der Wurf saß und der Fisch griff kurz darauf an. Eine Dreiviertelstunde später führte ihn Tom an die Bordwand. Garnier eilte von der Brücke und faßte das Vorfach, als er eine Markierung am Fisch entdeckte. Er entfernte sie, befestigte eine neue und ließ den Fisch schwimmen.

Später am Nachmittag sah sich Tom die Markierung genau an – die Seriennummer kam ihm bekannt vor. Er nahm den Stapel mit den Markierungskarten und tatsächlich: Sie hatten den gleichen Fisch sechs Tage zuvor markiert.

Der Marlin, an dem nichts auf den vorangegangenen Kampf hindeutete, wanderte in dieser Zeit etwa 40 Kilometer nach Norden. Der wiederholte Fang war schon ein kleines Kunststück und bis dahin einmalig unter den Marlinanglern.

Foto: Connie Sue White

***In den Gewässern vor Cabo San Lucas kommt der Marlin häufig vor.***

# 22 goldene Rekorde

Bis an die Ufer der rekordverdächtigen Seen in den Bergen der kalifornischen Sierra Nevada wanderten Don Vachini und seine Söhne Stunden und manchmal sogar Tage über Geröllfelder, eisigen Schnee und Felsgrate. Sie fischten mit der Fliegenrute und stellten beim Angeln auf die Golden Trout (Goldforelle) seit 1987 sage und schreibe 22 Weltrekorde auf, unter ihren Bachsaiblingen befanden sich fünf Fische mit Weltrekord-Format.

»Seitdem Jason und Matt neun und zehn Jahre alt wurden, gehen wir oft in die Berge«, erzählte Vachini. »Unsere Wege führten uns an Seen, in denen die Goldforelle lebt. Die Fische faszinierten uns. Als die IGFA eine Rekordklasse für diese Art am Fliegengerät einführte, wollten wir an den Seen entsprechende Rekorde aufstellen.«

Die Goldforelle bezeichnen viele Angler als die schönsten Tiere unter den Forellenartigen. Ursprünglich lebten sie nur in Kalifornien, wurden mittlerweile jedoch auch in hoch gelegenen Seen der Bundesstaaten Washington, Idaho und Wyoming erfolgreich ausgesetzt. Der Fisch des All-Tackle-Weltrekords ging am Cook´s Lake in Wyoming an den Haken und wog elf Pfund (fünf Kilogramm).

Für den Fang der Rekordfische wanderten die Vachinis über die Baumgrenze hinaus, manchmal auf mehr als 3600 Meter über dem Meeresspiegel. Sie wählten für ihre Touren die Zeit, wenn die Seen nach dem Winter gerade auftauten. Nur jetzt lassen sich Goldforellen vom Ufer aus fangen.

»Die Seen besitzen häufig eine Fläche von 20 bis 24 Hektar«, sagte Vachini. »Das macht das Befischen von weiter draußen stehenden Fischen unmöglich. Während der Schneeschmelze kommen die Fische jedoch in Schwärmen von 15 bis 20 Tieren in die Buchten, wobei jedes Exemplar zwischen einem und vier Pfund wiegt.«

Die Hochgebirgsseen liegen in blanken Granitkratern, die dem Angler am Ufer keine Deckung bieten. Die Goldforellen schwimmen furchtsam am Ufer entlang und sind manchmal über Tage vergrämt, werden sie nur einmal erschreckt. Wenn Vachini eine Bucht mit Fischen entdeckt, muß er sich langsam auf dem Bauch über harten Felsen an die Fische heranschleichen. In der einen Hand hält er die Rute, mit der anderen zieht er sich vorwärts.

»Ich trage Knieschützer, wenn ich auf dem Felsen entlangrobbe«, sagte Vachini. »Sobald ich auf Wurfweite heran bin, drehe ich mich auf den Rücken und werfe mit nur leicht erhobenem Oberkörper. Es ist unbequem, aber die einzige Möglichkeit an den Fisch zu kommen. Durch unvorsichtiges Verhalten habe ich mir früher so manchen Angeltag verdorben. Mit

**Wußten Sie schon?**

***Der giftigste Fisch der Welt ist der Steinfisch. Er lebt im Indo-Pazifik und besitzt mit Gift gefüllte Dornen. Ohne Serum tritt der Tod beim Menschen innerhalb von sechs Stunden ein.***

# Ohne Angel auf Thunfisch

Kapitän Ted Dunn, der Besitzer und Skipper des 28 Meter langen Charterboots *Royal Star*, hastete über das schlüpfrige Deck, um den Anglern und seiner Besatzung zu helfen. Es war gegen zwei Uhr morgens und sie fischten nahe der mexikanischen Insel Socorro, die etwa 800 Kilometer südlich von Cabo San Lucas liegt.

Das Licht der hellen Scheinwerfer drang tief ins Meer und strahlte ganze Schwärme von Gelbflossenthunen an. Köder klatschten ins Wasser und gelegentliche Schläge an die Bordwand signalisierten weitere Kamikaze-Thunfische.

»Manchmal kommt es bei gehakten Thunen vor, daß sie vom Licht irritiert werden und dann auf uns zuschwimmen«, erklärte Dunn. »Es gibt einen gewaltigen Schlag, wenn ein 200pfünder das Boot trifft.«

Die Thunfische standen ganz in der Nähe und wurden von den Sardellen angelockt, mit denen die Mannschaft anfütterte. Während einer kurzen Unterbrechung der Hektik an Bord gönnte sich Dunn die erste Pause der Nacht. Er stand an der Reling, starrte ins Wasser und wie aus dem Nichts tauchte ein großer Thunfisch neben dem Boot auf.

Dunn konnte sich nicht bremsen und lehnte sich mit einem Gaff in der Hand über Bord. Als ein weiterer Thun vorbeischwamm, griff er mit dem Gaff nach unten und hatte einen Augenblick später einen heftig schlagenden Fisch am Haken. Zwei Besatzungsmitglieder eilten mit weiteren Gaffs hinzu und die drei zogen den Fisch mit vereinten Kräften an Bord.

»Auf Deck schlug der Fisch erst recht um sich«, sagte Dunn. »Wir mußten schnell arbeiten, sonst hätte er alles in seiner Nähe zertrümmert.«

Schließlich konnte die Mannschaft den Thun bezwingen und in der Gefrierkammer verstauen. Zehn Tage später erreichte das Boot wieder San Diego, wo eine ausreichend kräftige Waage zur Verfügung stand – der ungewöhnliche Fang wog eindrucksvolle 186 Pfund (84 kg).

Foto: Kapitän Ted Dunn

***Kapitän Ted Dunn***
***dem 186 Pfund sc***
***ren Gelbflossen-T***
***den er vor der me***
***nischen Insel Soc***
***nur mit dem Gaff***

# Im Wirbel gehakt

Willard Stanfield fischte mit seinem Angelkameraden Lewis R. Bennington im Nisqually River südlich von Tacoma im Bundesstaat Washington. Es war im Winter 1956 und der Fluß strotzte vor Fischen. Stanfield legte einen Klumpen Rogen um den Haken und band einen roten Faden als zusätzliches Lockmittel ans Öhr. Er warf aus und ließ den Köder zum Grund sinken. Der Fluß führte eisiges Wasser, das durch die Schneeschmelze am nahen Mt. Rainier hoch und schnell dahinströmte.

»Sobald der Köder den Boden berührte, fühlte ich einen Biß und setzte den Anhieb«, erzählte Stanfield. »Der Drill begann und der Fisch durchbrach nach wenigen Minuten die Wasseroberfläche. Im Sprung sah ich das rote Garn und den Köder etwa einen halben Meter vor seinem Maul. Ich war verwirrt, denn eigentlich sollte der Köder im Maul des Fischs hängen.«

Stanfield konnte sich die Situation nicht erklären. Es war ganz sicher sein Garn und in der Nähe schwamm kein zweiter gehakter Fisch. Der erstaunte Angler drillte weiter und führte den Fisch nach einem kurzen aber heftigen Kampf ans Ufer.

»Ich konnte meinen Augen nicht trauen«, sagte Stanfield. »Der Haken hing im Öhr eines Wirbels, in den ein etwa 60 Zentimeter langes Vorfach eingeklinkt war. Jemand konnte den Fisch schon früher haken, riß ihn jedoch ab und irgendwie gelangte mein Haken in den treibenden Wirbel.«

Stanfield löste den Haken aus dem Maul des Fischs, legte das Tier in die Kühlbox und wunderte sich noch immer über seinen Fang. Anschließend hängte er seinen Haken aus dem Wirbel aus und ließ das Ereignis noch einmal vor seinem geistigen Auge ablaufen.

Der zehnpfündige Königslachs schwamm gegen die kräftige Strömung flußaufwärts, als Stanfields kleiner Haken den Wirbel fing. Das spitze Eisen wirbelte einige Zentimeter über den Felsen und einen starken halben Meter von dem schlanken Blei entfernt, das über den felsigen Grund holperte. Es war eigentlich unmöglich, daß der Haken genau das Öhr erwischte.

»Das war das bemerkenswerteste Erlebnis in meiner gesamten Anglerlaufbahn«, meinte Stanfield. »Die Chance stand sicherlich schlechter als eins zu einer Million.«

**Wußten Sie schon?**

***Im Jahre 1969 stellte Walter Kummerow einen neuen Weltrekord im Casting-Weitwurf mit Süßwassergerät auf. Bestätigt von der International Casting Federation ging sein Wurf über eine Entfernung von 180 Metern.***

# 815 Pfund alleine gelandet

Kapitän Freddy Rice fischte alleine an Bord seines 9,5-Meter-Charterboots *Ihu Nui*. Eigentlich wollte er den Tag zur Wartung des Boots nutzen, aber kurz zuvor sagte sein Mechaniker ab. Damit war der Weg für den Angeltag frei.

»Wann immer möglich, fahre ich alleine zum Fischen hinaus«, sagte Rice. »Dann kann ich mit neuer Ausrüstung, neuen Montagen und Techniken experimentieren.«

Rice fuhr aus dem Hafen von Kona in Hawaii, fing Köderfische und angelte am späten Vormittag schließlich über einem nördlich von Kona gelegenen, etwa 1800 Meter tief liegenden Riff.

»Ich angelte mit zwei Köderfischen, die hier *Kawakawa* (eine kleine Thunfischart) heißen, an der kurzen Schnur und mit einem Skipjack (*Aku*) an der langen Leine. Gegen Mittag schnappte eine Schnur aus dem Outrigger. Ich setzte den Anhieb und sah, wie der Fisch an der Oberfläche seinen Kopf schüttelte. Es war ein großer Blue Marlin und ich konnte an seinem Verhalten erkennen, daß er den Köder komplett geschluckt hatte.«

Rice hielt die Rute fest in seinen sonnengegerbten Händen und ging zur Steuerbordseite des Boots, von wo aus er das Boot manövrieren und gleichzeitig den Fisch drillen konnte. Etwa 20 Minuten folgte er dem Marlin, wobei Rice die Schnur unter Spannung und vom Bug weg hielt.

**Wußten Sie schon?**

***Ein 1983 vor Cabo San Lucas in Mexiko markierter Schwarzer Marlin wurde 20 Monate später von einem japanischen Schiff in der Nähe von Norfolk Island an der Langleine wiedergefangen – über 9000 Kilometer entfernt. Der Fisch legte auf seinem Weg zu der etwa 650 Kilometer nördlich von Neuseeland gelegenen Insel täglich rund 17,5 Kilometer zurück.***

»Als ich auf 40 Meter herankam, erhöhte ich den Druck und der Fisch sprang. Ich schätzte das Gewicht auf etwa 700 Pfund. Ich legte die Markierungsstange und die Kamera bereit, als der Marlin nochmals aus der See stieg. Der Kampf verschärfte sich und in mir erwachte der Jagdinstinkt. Jetzt wollte ich den Fisch unbedingt landen – falls er es zuließ.«

Rice zog die Bremse bis zum Limit der Tragkraft der Schnur an und der Kampf zog sich in den nächsten zwei Stunden über eine Strecke von gut 18 Kilometern hin. Die vor dem Haken doppelt gelegte Schnur kam in den letzten 20 Minuten achtmal nach oben, um jedoch immer wieder zu verschwinden.

Rice's Arme und Hände waren inzwischen taub. Er wußte, daß er eine weitere tiefe Flucht nicht aushalten könnte. Und plötzlich war der Kampf beendet. Der Marlin sprang noch einmal und legte sich auf die Seite.

»Nach dem Drill kam der schwierigste Teil – denn ich war völlig ausgepumpt. Ich legte ein Seil um das Schwert des Fischs. Dabei wollten meine Arme und Hände nicht mehr richtig dem Gehirn gehorchen.«

Später am Nachmittag lag der Fisch endlich an der Bordwand fest und Rice fuhr nach Kona zurück. Der Fisch wurde auf die Waage gehievt, die bei großartigen 815 Pfund (369 kg) stehenblieb.

»Das war einer der Höhepunkte meiner Anglerkarriere«, schwärmte Rice. »Nur wenige Dinge lassen sich mit dem Fang eines Großfischs ohne fremde Hilfe vergleichen. Ich wußte, daß mich der Marlin jederzeit zum tiefen Kanal zwischen den Inseln ziehen könnte und sich hier möglicherweise befreit. Das wäre nur gerecht gewesen, aber ich hatte Glück. So nahe an der Kippe stand ich noch bei keinem Drill.«

*ddy Rice freut a über seinen 5 Pfund schweren rlin, den er allei- an Bord seines ts Ihu Nui fing.*

Foto: Kapitän Freddy Rice

# Forellen-Wahnsinn

Jedes Jahr besuchen Touristen aus aller Welt den Yellowstone-Nationalpark in Montana. Die meisten möchten hier die vielen frei lebenden Wildtiere wie Schwarzbären oder Elche beobachten.

Genauso schwimmen in den Gewässern des Parks reiche Fischbestände, die sich ohne menschliche Hilfe erhalten. Aber die meisten Besucher wissen kaum etwas von den guten Angelmöglichkeiten und weichen deshalb nur selten von den Straßen ab. Einige Leute suchen jedoch bei jeder Gelegenheit die Flüsse und Seen im Hinterland von Yellowstone auf. Zu ihnen zählt der Park-Aufseher Michael Johns.

Im Sommer 1974 schlug er mit seiner Frau das Zelt inmitten einer einsamen Lichtung am Yellowstone Lake auf. Die Laichzeit war gekommen und bald würden sich Bäche und Flüsse mit Forellen und Saiblingen füllen, die zu ihrer Hochzeit in die Gewässer aufsteigen.

John ging mit seiner Spinnrute an den Rand einer breiten Flußmündung. Er warf einen kleinen Spinner aus und holte ihn langsam ein. Das Wasser wirbelte hinter dem Köder auf, als eine 45 Zentimeter lange Cutthroat-Forelle zugriff.

»Vorher war nichts zu entdecken, die Stelle sah nur vielversprechend aus«, erinnerte sich Johns. »An meiner 18er Schnur erhielt ich auf jeden Wurf einen Biß – zehn Würfe, zehn Fische. Es war der außergewöhnlichste Angeltag meines Lebens.«

Mit der Arterienklemme löste er vorsichtig Fisch für Fisch schon im Wasser vom Haken und setzte sie zurück. »Ein Fischerei-Biologe sagte mir, daß man die Tiere am besten nicht berührt. Sonst verletze ich die empfindliche Schleimhaut, was dann vielleicht zum Verpilzen der Haut führt – und der Fisch stirbt. Bevor ich an den See ging, zwickte ich außerdem zwei von drei Haken meiner Drillinge ab und drückte am letzten den Widerhaken zusammen.«

An der Flußmündung tummelten sich ganze Forellenschwärme und bereiteten sich zum Aufstieg in ihr Laichgewässer vor. Sie befanden sich in bester Verfassung, zeigten lebhafte Farben und kämpften hart im Drill. Es gab nur große Fische, alle etwa in der gleichen Klasse.

Die Fänge gingen ununterbrochen weiter. Johns war davon so beeindruckt, daß er die Tiere zählte. »Ich angelte zwei Stunden lang und hörte nach dem 133. Fisch auf. Denn inzwischen schmerzten meine Finger vom ständigen Hakenlösen«, erzählte der Angler.

»Nummer 63 war der erste Fisch unter 35 Zentimeter, insgesamt nur eines von zwei Tieren der 133 unter dieser Grenze. Die meisten Fische waren zwischen 40 und 45 Zentimeter lang. Die größte Forelle brachte es auf 51 Zentimeter.«

Innerhalb der zwei Stunden landete Johns im Durchschnitt mehr als eine Forelle pro Minute. Es war ein eindrucksvolles Erlebnis – besonders im herrlichen Yellowstone-Park.

# Tauziehen um den Schwertfisch

Allein der Gedanke an einen Schwertfisch läßt die Herzen eines Anglers höher schlagen. Seine gewaltige Kampfkraft und sein zäher Widerstand im Drill trieben schon viele Fischer an den Rand des Wahnsinns und führten andere zu tiefer Erschöpfung.

Aber die Schwertfische hatten es nie leicht. Denn ihr Fleisch erzielt hohe Preise auf dem Markt, weshalb sie ständig von den Berufsfischern verfolgt werden. Don und Millie Allison wissen aus erster Hand, was das bedeutet.

Die beiden erfahrenen Angler fischten Anfang der 70er Jahre im Süden Kaliforniens an Bord des 13-Meter-Boots *Hoaloha*. In den Gewässern um die Insel Santa Barbara entdeckten sie einen großen Schwertfisch, der sich die Sonne auf den breiten Rücken scheinen ließ. Der alte Kämpfer büßte im Laufe seines Lebens die Spitze seiner Rückenflosse ein. Er schwamm langsam in der sanften Nachmittags-Dünung nach Süden.

»Millie übernahm die Steuerung des Boots und fuhr näher an den Fisch heran«, erinnerte sich Don. »Inzwischen köderte ich eine frische Makrele an und setzte sie ins Wasser. Der Biß erfolgte nur wenige Minuten später.«

Die Angler waren auf den Kampf vorbereitet, weshalb sie den Schwertfisch bereits nach anderthalb Stunden wieder an die Oberfläche zwingen konnten – ein herrliches Tier. Don holte langsam Schnur ein und pumpte den Fisch vorsichtig heran. Millie manövrierte das Boot mit großer Umsicht.

Der Fisch war bereits auf zwei Bootslängen

heran, als sich plötzlich das große Boot eines Berufsfischers mit hoher Geschwindigkeit dem Tier näherte. Es war die *Santa Lucia*, ein Harpunen-Boot aus der Gegend, dessen Besatzung es auf den Schwertfisch abgesehen hatte.

»Nicht harpunieren! Er hängt an unserer Schnur!«, schrie Millie. Aber der Mann an Deck ignorierte ihre Bitte und der tödliche Stahl bohrte sich nahe der Rückenflosse in den Fisch. An der Spitze hing ein dickes, gelbes Seil mit hellgefärbten Schwimmern.

***» Nicht harpunieren! Er hängt an unserer Schnur! «***

»Wir haben einen an Rute und Rolle gefangenen Fisch getroffen«, erklärte der Kapitän der *Santa Lucia* einem Freund über Funk. »Wem gehört er?«

»Bestimmt dem mit der stärksten Ausrüstung«, antwortete der Freund.

Millies Gesicht lief vor Wut rot an. Sie versuchte, die Schnur vom rauhen Seil des Harpunen-Boots fernzuhalten. Don arbeitete hart und pumpte das erneut getauchte Tier wieder zurück. Die *Santa Lucia* fuhr mittlerweile im Kreis und wartete auf das Auftauchen der Schwimmer.

Nach 20 Minuten kam der Fisch wieder in die Reichweite des Gaffs. Don nahm das Vorfach und setzte den Gaffhaken. Er schnitt das Seil des Harpunen-Boots durch und vertäute das Tier an der Bordwand. Millie nahm Kurs auf den Hafen.

Die noch immer in der Nähe kreisende *Santa Lucia* rief die Allisons über Funk.

»Wir haben ihn im Kopf erwischt, oder?«, spottete der Mann am Mikrofon. Die Allisons verzichteten auf eine Antwort und die *Santa Lucia* kam bald außer Sichtweite.

Viele andere Boote hatten ihre Funkgeräte auf dieselbe Frequenz eingestellt und konnten den Konflikt verfolgen. Als die Allisons den Hafen von San Diego erreichten, war das Ereignis schon bis hinauf nach San Francisco bekannt. Der Fisch wurde zur Waage gezogen, noch immer mit der Harpune im Körper. Er wog 448 Pfund (203 kg) – der größte Fang des Jahres.

Glücklich über ihren Fisch, beschwerten sich die Allisons weder über die *Santa Lucia* noch über ihre Besatzung. Ihr verdorbener Ruf, der durch die Publicity des Falls entstand, war Strafe genug.

Die Allisons nahmen die Harpunenspitze mit nach Hause, wo sie an den ungewöhnlichsten Fang des Jahres erinnert.

# Der vorübergehend verlorene Thunfisch

Im März 1981 gehörten Dr. Mas Itano und seine Frau Teri zu den 28 Passagieren an Bord der *Royal Polaris*, einem 34 Meter langen Angel-Charterboot, das im Hafen von Fisherman´s Landing im kalifornischen San Diego liegt. Sie genossen ihre 16tägige Angeltour zu einer Reihe kleiner Eilande, die vor der Südspitze der Baja California in Mexiko die Inselgruppe Revillagigedo bilden.

In dieser besonderen Nacht ankerte das Boot vor Roca Partida, der kleinsten Insel der Kette. Itano angelte mit dem Köderfisch auf Gelbflossen-Thune. Leider blieb der Fangerfolg aus – ganz im Gegensatz zu anderen Fischern, die Thune zwischen 100 und 200 Pfund fingen. Itano hakte höchstens Haie, die sein Vorfach abtrennten oder Thunfische vom Haken rissen.

Es war schon spät und die meisten Angler hatten sich zum Schlafen zurückgezogen. Aber Itano fischte weiter. Gegen zwei Uhr setzte er den Haken in das Maul eines großen Thuns. Der Fisch raste an Steuerbord auf den Bug zu und Itano mußte auf den schlüpfrigen Planken folgen. Es kam, wie es kommen mußte: Der Angler rutschte aus und schlug mit dem Ellenbogen an die Reling. Noch bevor er die Balance wiederfand, glitt ihm die Rute aus der Hand und flog über Bord.

**Wußten Sie schon?**

***Thunfische und Haie besitzen keine Schwimmblase, die für Auftrieb im Wasser sorgt. Wenn sie zu schwimmen aufhören, versinken sie.***

»Ich sah, wie sie ins Wasser fiel und versank«, sagte Itano. »Mit hängenden Schultern erklärte ich dem Skipper, Frank LoPreste, mein Mißgeschick und montierte mein Ersatzgerät, damit ich weiterfischen konnte.«

Etwa zehn Minuten später tippte Kapitän LoPreste auf Itanos Schulter und reichte ihm eine Rute, an der ein gehakter Fisch hing.

»Ich dachte, er wollte sich über mich lustig machen und dazu war ich wirklich nicht in der Stimmung. Auf den zweiten Blick erkannte ich jedoch meine Rute, die kurz zuvor im Meer verschwand.«

Itano nahm sie und landete nach einem 30-Minuten-Drill einen 165 Pfund schweren Gelbflossen-Thun.

Er fand schnell heraus, was geschehen war. George Jennings, ein anderer Angler, kämpfte am Bug auf Backbord, als Itano die Rute verlor. Itanos Fisch kreuzte die andere Schnur und Jennings fühlte plötzlich einen heftigen Zug an der Leine. Beim Einholen entdeckte er, daß sich sein Haken in einem Steg von Itanos Rolle eingehängt hatte. Jennings, ein erfahrener Angler, fühlte außer dem plötzlichen Zug nichts besonderes. Itanos Rolle schlug Jennings Fisch offensichtlich den Haken aus dem Maul, der sich sofort in dem Steg verfing.

»Zunächst ärgerte ich mich über LoPreste«, sagte Itano. »Das änderte sich aber schlagartig. Denn ich freute mich nicht nur über den Fisch, sondern noch mehr über meine nagelneue Ausrüstung, die ich wieder zurückbekam.«

Foto: Mas Itano

***Mas Itano und seine Frau Teri mit dem 165-Pfund-Thun, der seine Rute über Bord in den Pazifik riß. Auf wunderbare Weise verfing sich der Haken eines anderen Anglers tief im Wasser in der Rolle und nach dem Bergen des Geräts konnte Itano seinen Fisch doch noch landen.***

# Voll daneben gegriffen

Kapitän George Gordon manövrierte sein Charterboot entlang der warmen Strömungen, die die Küste von Maui (Hawaii) umschließen. Seine Gäste kamen aus Frankreich und sprachen nur wenig englisch.

»Die Tour begann mit dem Singen einiger französischer Lieder«, lachte Gordon. »Und bald kreiste eine Flasche Rotwein. Nach zwei Stunden Angeln ohne einen Biß, entschloß ich mich zur Rückfahrt an die Docks von Lahaina.«

Auf der Fahrt sichtete Gordon einen Schwarm Delphine, die in einiger Entfernung an der Oberfläche spielten. Er drehte das Boot und steuerte die Fische an.

»Als Bootskapitän sehe ich fast täglich Delphine«, sagte Gordon. »Aber für einen Touristen ist es ein faszinierendes Schauspiel, wenn die Tiere springen oder wieselflink das Boot begleiten. Häufig schwimmen Delphine zusammen mit Thunfisch-Schwärmen, aber ich konnte noch nie einen großen Fisch in der Nähe der Säuger fangen. Ich beschloß, meinen Gästen nach dem Mißerfolg beim Angeln wenigstens noch einen Blick auf die Delphine zu gönnen.«

Während sich das Boot dem Schwarm näherte, schnappte plötzlich die Schnur einer Spinnrute aus dem Outrigger. Die Rute bog sich und die Schnur raste regelrecht von der Rolle. Gordon fuhr dem Fisch rückwärts hinterher. Wasser gischtete über das Heck, bis der Fisch nach zehn Minuten endlich stehenblieb und der Angler langsam Schnur gewinnen konnte.

»Nach und nach erlangten wir die Oberhand über das Tier«, sagte Gordon. »Weit entfernt tauchte eine Rückenflosse auf. Sie durchschnitt die Oberfläche und tauchte wieder unter. Dann sahen wir den Wirbel eines großen Fischs. Als ich das Gaff und die Handschuhe für die Landung vorbereitete, sprang ein Delphin in der Nähe unserer Schnur. Ich hoffte nur, daß er sich nicht in der Leine verfängt oder das Tier am Haken erschreckt. Unser Fisch kam näher und näher, als einige Franzosen schrien, wir hätten einen Marlin gehakt.«

Gordon erklärte den Anglern, daß möglicherweise ein Thunfisch am Haken hängt. Er erzählte, daß Marline normalerweise springen und die Anwesenheit von Delphinen eher auf einen Thun schließen läßt. Aber die Franzosen waren fest von einem Marlin überzeugt.

»Wenigstens war der Delphin inzwischen verschwunden, ohne die Leine zu berühren«, erzählte Gordon. »Dann platschte es wieder und ein weiterer Delphin tauchte auf. Er kam näher ans Boot und blieb in der Nähe. Als der Angler die Rollenkubel drehte, schwamm er noch weiter heran.«

Der Angler kurbelte weiter und Minuten später lag ein völlig abgekämpfter Delphin ruhig hinter dem Heck. Er hatte Gordons Köder sauber genommen.

»Ich wollte die Schnur nicht abschneiden und außerdem meinen Kunstköder zurückholen«, erzählte Gordon. Ich fragte per Funk auf mehreren Booten nach, wie ich den Haken von einem Delphin entfernen kann, ohne einen von uns beiden zu verletzen. Aber niemand wußte einen Rat.«

Gordons Chef hörte im Hafen über sein CB-Funkgerät mit und hatte eine Idee. Er meinte, daß sich Gordon auf die Schwimmtreppe außen an der Bordwand knien sollte, sanft mit dem Tier reden und es streicheln könnte, damit es sich beruhigt. Sobald es sich nicht mehr bewegt, könnte er den Haken am Widerhaken abzwicken und den Delphin unverletzt schwimmen lassen.

»Ich dachte, er macht Spaß«, sagte Gordon. »Aber er meinte es tatsächlich ernst. Also ging ich vorsichtig zur Treppe. Nur wenig mehr als einen halben Meter entfernt lag ein heftig atmender, verängstigter Delphin mit dem Haken in der rechten Maulseite.«

Gorden sprach mit Engelszungen und tätschelte das Tier wie seinen Irish Setter. Der Delphin beruhigte sich tatsächlich. Gordon faßte langsam ins Maul und begann den Haken abzuzwicken. Dabei lag ein großer Bogen mit flachen Zähnen drohend um seine ungeschützte Hand herum.

»Der Seitenschneider war stumpf und der Haken bestand aus hartem, rostfreiem Stahl. Ich dachte, es wäre jetzt gleich mit der Ruhe und der Hand im Maul vorbei. Ich wußte, daß die Wunde bei der Arbeit schmerzt, aber der Delphin vertraute mir und hielt still. Schließlich war der Haken durch. Ich streichelte weiter den Rücken und sprach mit dem Tier. Dann zog ich langsam dem Haken aus dem Maul. Der Delphin verharrte noch einen Augenblick und schwamm dann rasch davon.«

Gordon atmete die salzige Luft tief ein und die Franzosen jubelten über die erfolgreiche Rettungsaktion.

»Ich hatte noch nie davon gehört, daß jemand einen Delphin hakt. Sie sind dazu normalerweise zu intelligent«, meinte Gordon. »Unser Delphin machte nur einen Fehler. Vielleicht war er krank, verletzt oder einfach sehr hungrig. Wie auch immer – ich freute mich, daß ich das Tier befreien konnte.«

### Wußten Sie schon?

***Der gefährlichste Speisefisch der Welt ist der Kugelfisch. Die Fische leben vor allem im Indischen Ozean und gelten in Japan als Delikatesse. Das Gift des Kugelfischs ist 200 000mal giftiger als das tödliche Curare, das die Indianer Südamerikas aus Pflanzen gewinnen und auf ihre Pfeilspitzen streichen. Der Tod tritt etwa zwei Stunden nach dem Verzehr eines falsch filetierten Fischs ein.***

# Surfbrett statt Boot

Scheinbar schrecken Angler vor nichts zurück, um einen Fisch zu fangen. Das gilt besonders dann, wenn es irgendwie aufs Wasser hinaus gehen soll. Schlauchboote, motorisierte Surfbretter und jetzt noch ein Windsurf-Board – Angler finden immer einen Weg.

Wenn Sie wissen, wie man windsurft, dann ist das Angeln vom Brett aus kein Problem. Sie müssen nur perfekt balancieren und nicht an die Möglichkeit denken, daß Sie ein Biß vom Brett wirft.

»Es ist eine wunderbare Alternative, wenn der Wind zum ›richtigen‹ Surfen nicht ausreicht«, meint Tom Peach, einer der führenden »Windfischer« Hawaiis. »Als Windfischer kannst du die Riffe und Brandungszonen

***Tom Peach beim Windfischen vor der Insel Oahu/Hawaii.***

Foto: Hawaii Fishing News

absuchen, die Boote nicht erreichen. Das Brett verursacht kein Motorengeräusch, das die Fische vielleicht erschreckt. Unter diesen Bedingungen kann fast alles passieren.«

Eines Tages ging Peach zum Windfischen am berühmten Nordufer der Insel Oahu. Durch den heftigen Seegang gelang es ihm erst nach mehreren Versuchen, die hohen Wellen zu durchbrechen. Auf der ruhigen See stattete er seine Leine mit einem Lockköder (engl. Teaser) sowie dem eigentlichen, hakenbewehrten Kunstköder aus. Damit schleppte er über den Riffen außerhalb der Brandungszone.

**» Ich wußte, daß es ein großer Ulua ist. Die Fische tauchen im Drill gerne in Löcher oder unter Riffe und versuchen die Schnur durchzuscheuern. Deshalb mußte ich meinen Fisch stoppen, bevor er die Korallen erreichte. «**

Eine Stunde lang ereignete sich nichts, als das Brett auf einmal stehenblieb. Wie ein Radfahrer, der die Vorderradbremse zu kräftig zieht, flog Peach nach vorn vom Board.

»Ich konnte nicht glauben, daß ein Fisch das Brett gebremst hat«, sagte Peach. »Die Bremse meiner 9/0er Rolle war zwar recht fest eingestellt, aber ich hätte nie so einen Ruck erwartet.«

Peach schwamm zum Brett zurück, zog sich hoch und griff zur gebogenen Rute. Die Schnur raste noch immer von der Rolle, weshalb sich der Angler mit der Rute zurücklehnte und so die Flucht zu beenden versuchte.

»Ich wußte, daß es ein großer *Ulua* ist«, erzählte Peach. »Die Fische tauchen im Drill gerne in Löcher oder unter Riffe und versuchen die Schnur durchzuscheuern. Deshalb mußte ich meinen Fisch stoppen, bevor er die Korallen erreichte. Ich denke, es war mein Glückstag.«

Der Fisch wurde langsamer und hielt kurz vor dem Riff an. Peach begann gleichmäßig zu pumpen und kämpfte 45 Minuten lang gegen das widerspenstige Tier. Dreimal sah Peach das Vorfach und jedesmal floh der Fisch wieder auf die Korallen zu.

»Die dritte Flucht war seine letzte. Als ich ihn auf das Brett zog, konnte ich die glückliche Landung kaum begreifen. Es war ein riesiger *Ulua*. Er hatte den Köder so tief geschluckt, daß ich ihn erst beim Filetieren wiederbekam.«

Der Fisch wog 35 Pfund (16 kg). Es war der größte Fisch, den Peach bisher beim Windangeln fing – und vielleicht der größte, der je auf diese Weise erbeutet wurde.

Seit diesem Erlebnis konnte Peach noch viele Fische fangen und die Zahl der Windfischer stieg steil an. Jedes Jahr gibt es auf Hawaii mehr Wettbewerbe für diese Angelart, sogar eine wachsende Zahl weltweit.

Wenn sich die Anzahl der Windfischer weiter erhöht, werden sicherlich bald größere Fische gefangen. Dazu entwickeln die Angler bestimmt neue Techniken und der Markt bietet spezielle Geräte an. Außerdem fahren die Windfischer irgendwann weiter aufs Meer, hinaus zu größeren Fischen und Herausforderungen.

Und in absehbarer Zeit wird ein schwerttragender Fisch beißen. Was dann wohl passiert, wenn schon ein 35pfündiger *Ulua* den Angler vom Brett wirft?

»Ich weiß nicht«, sagte Peach. »Jedenfalls werde ich mich in Zukunft an den Mast binden – für den Fall aller Fälle.«

# Schreckliche Kämpfe

# 37 Stunden an Rute und Rolle

Es war kurz nach Mittag am 12. Juli 1989. Bob Ploeger, seine Frau Darlean und der Angelführer Dan Bishop fischten in Alaska vom treibenden Boot aus im Kenai River. Es war Ploegers erste Angeltour auf Lachse, die eigentlich nur einen halben Tag dauern sollte. Zwei Tage später würden sie völlig erschöpft am Fluß stehen, aber das konnten sie nicht ahnen.

»Wir angelten den ganzen Morgen über und bekamen keinen nennenswerten Biß«, erzählte Ploeger. »Darlean hakte ein paar kleine Fische, aber das war alles. Gegen Mittag ruderte Dan Bishop in die Flußmitte und ankerte, damit er etwas essen konnte.«

»Wir fischten jedoch weiter. Gerade als Dan mit seinem belegten Brot fertig war, spürte ich einen heftigen Schlag in der Rute. So einen harten Biß hatte ich noch nie erlebt. Ich setzte den Anhieb mit aller Kraft und drillte den Lachs die nächsten zwei Stunden vom verankerten Boot aus. Dann verließ der Fisch jedoch seinen Platz und flüchtete mit voller Geschwindigkeit stromab. Dan lichtete den Anker und nahm so schnell wie nur möglich rudernd die Verfolgung auf.«

Es war eine unglaubliche Flucht. Der Fisch schwamm schneller, als Bishop paddeln konnte. Die Rollenspule leerte sich rasend. Der Fisch zeigte keine Müdigkeit und Ploeger

mußte hilflos zusehen, wie nur noch wenige Wicklungen des 30 Pfund starken Monofils den Spulenkern bedeckten. In seiner Verzweiflung drückte er den Daumen auf die restliche Schnur. Und tatsächlich konnte er den Fisch bremsen. Jetzt wendete er und schwamm flußaufwärts zurück.

»Wir waren erleichtert, daß wir ihn zum Umkehren bewegen konnten«, sagte Ploeger. »Zumindest bis wir die Insel in der Flußmitte sahen. Der Lachs schwamm gegen die Strömung um das Hindernis herum. Bishop wollte folgen, aber das Wasser strömte hier zu schnell. Ich war mir sicher, daß wir den Fisch jetzt verlieren.«

Plötzlich blieb die Spule stehen. Der Fisch legte auf der anderen Seite der Insel in den Stromschnellen eine Pause ein. Bishop ruderte ans Ufer der Insel, wo ein Motorboot lag. Er wechselte zusammen mit Ploeger schnell das Fahrzeug und fuhr stromauf zu den Stromschnellen. Nach einigen Rucken an der Leine schoß der Lachs aus der harten Strömung wieder den Fluß hinunter. Darlean blieb inzwischen mit den Besitzern des Motorboots auf der Insel und kehrte später ins Lager zurück.

Nach vier Stunden Kampf war der Fisch fast zwei Kilometer flußabwärts geschwommen und kam jetzt auf Höhe des Bootsstegs an, wo die Angeltour begann. Genau an dieser Stelle ruhte sich der Lachs etwa eine halbe Stunde am schlammigen Grund aus und sprang dann zum ersten Mal. Es war ein gigantischer Fisch. Der größte Lachs, den sie jemals gesehen hatten.

Die folgenden 30 Stunden wurden zur Qual für den Angler. Der Lachs war stark und stur. Er blieb die meiste Zeit am Grund oder schwamm stromabwärts. Ploeger übte Druck auf die Schnur aus und blieb ansonsten ruhig.

In der ersten Nacht wechselten Bishop und Ploeger in ein Boot mit größerem Benzintank. Mittlerweile verfolgte eine wachsende Menschenmenge vom Ufer aus den Kampf und viele Bootsführer aus der Gegend boten ihre Hilfe an.

Außerdem kam die Presse an den Kenai. Reporter und Fotografen durften an Bord kommen, Ploeger interviewen und seinen Kampf mit dem Mammut-Lachs im Bild festhalten. Gegen 22.30 Uhr kam der Fisch wieder an die Oberfläche und schwamm wieder auf den Schlamm des Gewässerbodens zurück. Die Nacht zog sich dahin. Die Führer wechselten sich mit dem Schlafen ab, während Ploeger auf den Tagesanbruch wartete.

Bei Sonnenaufgang hatte sich die Lage nicht verändert. Ploeger pumpte, aber der Fisch wollte sich nicht bewegen. Der Fluß war an dieser Stelle nur etwa zwei Meter tief weshalb Bishop, mittlerweile etwas frustriert vom nutzlosen Tauziehen, ein Ruder nahm, sich über das Wasser lehnte und am verschlammten Grund herumstocherte. Vielleicht könnte er den Fisch auf diese Weise in Bewegung bringen. Ploeger zog und Bishop stampfte auf dem

**Wußten Sie schon?**

***Im Bauch eines 3,6 Meter langen Schwertfischs lag ein etwas über einen Meter langer Hai. Noch überraschender sind jedoch die regelmäßigen Funde von bis zu 2,2 Meter langen, aalartigen Tiefseefischen in den Mägen der Schwertträger.***

Gewässerboden herum – aber der Lachs bewegte sich kaum.

Zwischen 5 und 8 Uhr morgens schwamm er nur knapp 100 Meter weiter.

Jetzt erreichten auch die Reporter von örtlichen Radiosendern den Fluß und berichteten direkt vom Ufer. Zudem trafen weitere Zuschauer ein, die sich bald regelrecht am Kenai drängten. Um 9.30 Uhr gab ein Radiosender bekannt, daß Ploeger den Guinness-Rekord für den längsten Drill an Rute und Rolle mit 32 Stunden und fünf Minuten gebrochen hatte. Die Zuschauer applaudierten begeistert.

Erst nach weiteren fünf Stunden setzte der Fisch zu seiner letzten Flucht an. Er schwamm aufs Ufer zu und das Kamera-Team, das immer noch an Bord war, leuchtete mit Scheinwerfern ins Wasser. Der Fisch war erschöpft. Er schwebte vielleicht einen Meter unter der Oberfläche und näherte sich weiter dem steil abfallenden Ufer im nur 1,5 bis 2 Meter tiefen Wasser.

Der Lachs stieß an das Ufer und blieb stehen. Bishop forderte Ploeger auf, den Fisch nach oben zu ziehen – aber der Lachs bewegte sich nicht.

Bishop traf eine schwierige Entscheidung. Es würde riskant sein, den tief stehenden Fisch in den Kescher zu schöpfen. Andererseits wäre es noch riskanter, die Gelegenheit auszulassen und den in die Enge getriebenen Fisch nicht zu landen. Denn das Getriebe der Rolle befand sich nicht mehr in bestem Zustand und der Haken konnte jeden Augenblick ausschlitzen.

Bishop und ein anderer Angelführer griffen zu zwei großen Keschern. Das eine Netz besaß einen Bügeldurchmesser von 90 Zentimeter, der andere kam auf 1,2 Meter. Sie kreisten den Fisch ein, wollten ihn in ein Netz drücken und glaubten schon an einen Sieg.

**» Ploeger hatte den Guinness-Rekord für den längsten Drill an Rute und Rolle mit 32 Stunden und fünf Minuten gebrochen. «**

Als ein Netz das Vorfach streifte, wirbelte das Wasser jedoch plötzlich auf. Die Schnur riß, die Rute federte zurück und der Haken fiel aus dem Maul des Lachses.

Beide Führer versuchten verzweifelt, den Fisch doch noch in ein Netz zu schöpfen. Aber der Grund war mit Felsen bedeckt und die Kescherbügel blieben immer wieder daran hängen. Zudem driftete das Boot weiter ab. Schließlich erfaßte die Strömung den Fisch, zog ihn um die Netze herum und trug ihn ins tiefe, dunkle Wasser.

Ploeger stand im Boot und starrte hilflos in den Fluß. Nach einem Drill bis aufs Blut war sein Fisch wieder frei. Die Angelführer ließen die Kescher betroffen fallen und die Kameraleute schalteten die Lichter aus. Die Schlacht war vorbei. Der Lachs hatte gewonnen.

# Angler und Skipper zugleich – 17,5 Stunden lang

»Schwertfisch!«, rief David Denholm und sprang zum Ködertank. Seine Frau Nicole holte die Kunstköder ein, während Scott, der Bootsmann, das Boot zum Fisch drehte. Es war Freitag gegen 12 Uhr und sie standen an Bord des 13 Meter langen Angelboots *Espadon*, das vier Stunden von der südkalifornischen Küste entfernt lag.

Denholm köderte eine große Makrele an und schleuderte sie über Bord – ein perfekter Wurf. Er reichte Nicole die Rute, die aufgeregt auf ihren ersten Biß eines Schwertfischs wartete.

»Er stieß mit seinem Schwert zweimal auf den Köder ein und riß ihn vom Haken«, sagte Denholm. »Dem zweiten Köder erging es genauso.«

Denholm warf den dritten Köder aus, für den sich der Schwertfisch aber nicht mehr interessierte. Er holte den Köder wieder ein und versuchte es noch sechs oder sieben Mal, leider ohne Erfolg.

»Wir wollten ihn unbedingt fangen«, erzählte Denholm. »Deshalb entschied ich mich für leichteres Gerät. Das Wasser war an diesem Tag klar und wir konnten den Fisch deutlich sehen. Er wog gut 250 Pfund. Ich war mir speziell bei einem Schwertfisch über die Folgen mit leichterem Gerät bewußt, wechselte aber trotzdem von der schweren 80-Pfund- zur leichten 30-Pfund-Ausrüstung.«

Nicole zweifelte an einem erfolgreichen Kampf an so leichtem Gerät, weshalb David die Rute nahm. Beim zweiten Wurf griff der Schwertfisch zu.

»Ich setzte mit voller Kraft sechs harte Anhiebe«, sagte Denholm. »Er reagierte nicht sofort, aber er hing. Ich konnte die Spannung fühlen.«

Scott hatte die *Espadon* noch nie geführt und konnte jetzt etwas lernen. Ein zweites Steuerpult stand auf dem Steuerbord-Deck, von wo aus Denholm mit der einen Hand das Boot steuerte und mit der anderen die Rute hielt.

»Es war eine Herausforderung und gleichzeitig ein Vorteil«, meinte Denholm. »Denn als Angler wußte ich genau, wo der Fisch war und was er gerade machte. Und als Kapitän mußte ich mir nie Gedanken über falsch verstandene Zurufe machen. Sicher, es war nicht leicht und es wurde nach einiger Drillzeit noch schwieriger.«

Erst nach einer Stunde kam der Schwertfisch an die Oberfläche. Denholm stellte die Rollenbremse härter ein und pumpte den Fisch näher ans Boot. Bald kam er in Reichweite des Gaffs. Aber als Scott auf die Schwimmleiter stieg und den Fisch gerade mit dem Haken sichern wollte, schwappte etwas Wasser in sein Gesicht und verschleierte kurz den Blick. Trotzdem führte er das Gaff hinunter, riß es nach oben und hakte den Fisch im Schwanz.

»Der Schwertfisch hob ab wie eine Rakete«, erinnerte sich Denholm. »Scott versuchte ihn zu halten, aber das Gaff war nicht stabil genug und kam frei. Ich sah den Fisch in drei oder fünf Meter Tiefe schwimmen.«

Das verwundete Tier ließ sich nicht zum

*David Denholm präsentiert stolz seinen Gelbflossen-Thun. An der 20-Pfund-Schnur dauerte der Drill 18,5 Stunden. Es war der größte Fisch dieser Art, der in dieser Schnurklasse je in kalifornischen Gewässern gelandet wurde.«*

Foto: David Denholm

Boot ziehen und blieb auf Tiefe. Denholm stand mit dem Rücken zum Steuerpult und achtete auf den Winkel der Schnur hinter dem Heck. Mit der linken Hand drückte er das Ende des Rutengriffs fest an seinen Körper. Die rechte bediente abwechselnd die Rollenkurbel und die Steuerung des Boots. Denholm kämpfte ruhig und wollte einen der härtesten Kämpfer der See unbedingt besiegen.

Sechs Stunden später, kurz vor Sonnenuntergang, kam der Fisch nach oben in das Kielwasser der Bootsschrauben. Sein Körper zeigte jetzt eine braune Farbe und Denholm erkannte das vom Gaff verursachte Loch. Scott wartete auf das Vorfach, während Nicole die Szene mit der Videokamera festhielt. Aber der Fisch kam nicht näher.

***» Denholm kämpfte ruhig und wollte einen der härtesten Kämpfer der See unbedingt besiegen. «***

»Nach Einbruch der Dunkelheit sank die Temperatur«, sagte Denholm. »Ich war klatschnass von dem abends einsetzenden Wellengang und konnte mir nicht vorstellen, wie der Kampf enden sollte. Ich erinnere mich nicht daran, wie die Minuten vergingen – nur die Stunden. Und obwohl ich über 24 Stunden lang nichts gegessen hatte, spürte ich keinen Hunger.«

»Ich setzte den Fisch ständig unter Druck. Dabei hielt ich nicht nur den Kontakt, sondern belastete das Gerät bis an seine Grenze. Ich wartete darauf, daß das Tier irgendwann einen Fehler macht und mir damit eine Chance gab, es zu überlisten.«

Die Schlacht zog sich dahin. Scott blieb im Cockpit des Boots, überwachte den Radarschirm und überprüfte immer wieder die Gaffs. Nicole hatte sich zum Schlafen einige Stunden unter Deck zurückgezogen.

Im Laufe der Nacht kam der Fisch ein wenig näher heran. Allerdings nur bis zum Ende des Lichtkegels der Bootsscheinwerfer. Die Lichter waren hell und bildeten eine Wand zwischen Boot und Fisch. Denholm mußte sich sehr konzentrieren, um aufmerksam zu bleiben – jede lockere Schnur, eine falsche Bewegung mit dem Boot und der Schwertfisch käme frei. Denholm hoffte, daß er den Kampf bei Anbruch des Tages beenden könnte.

Um 5.15 Uhr stand Nicole auf und brachte ihrem frierenden Mann trockene Kleidung. Das weckte neue Lebensgeister.

»Genau als ich irgendwie meine Kleidung wechseln wollte, ohne die Rute aus der Hand zu geben, startete der Fisch wieder eine seiner vielen Fluchten«, erinnerte sich Denholm. »Ich stand gerade denkbar ungünstig und ohne Warnung hing die Leine plötzlich durch. Ich dachte nur ›Jetzt ist es aus‹ und kurbelte die Schnur ein.«

»Während die gerissene Leine hereinkam, schaute ich zum Horizont und sah die Angelboot-Flotte, die jeden Samstag ihre Gäste zu den Fischen brachte. Die Deckscheinwerfer beleuchteten mich und ich fühlte mich allein, nichts um mich herum erschien wirklich zu existieren. Als das gerissene Vorfach das Boot erreichte, hob ich die Rute an und betrachtete das ausgefranste Ende der Schnur. Wieder hatte ein Schwertträger gewonnen.«

Denholm nahm Kurs auf Newport Beach, übergab Nicole das Steuer und ging zum Schlafen in die Kajüte – und konnte jetzt vom nächsten Schwertfisch träumen.

# 21,5 Stunden zum Turniersieg

Der Schauspieler Willie Aames reiste im Laufe von 15 Jahren rund um die Welt, stets auf der Suche nach einem Marlin – und fing in den 15 Jahren keinen einzigen. Das Blatt wendete sich im Oktober 1990, am letzten Tag des zehnten Bisbee´s Black & Blue Marlin Turniers im mexikanischen Cabo San Lucas.

»Am ersten Tag des Wettbewerbs hakten wir einen 300 Pfund schweren Schwarzen Marlin, einen kleinen Blauen Marlin sowie am zweiten Tag einen Gestreiften«, sagte Aames. »Wir lagen damit auf dem dritten Platz und benötigten jetzt einen großen Fisch, der uns in Führung bringt.«

Aames fischte an Bord der *Leigh Ann*, einem Zehn-Meter-Boot, das Kapitän Tony Nungaray führte. Eben Brown und Juan Garcia Passett übernahmen die Arbeit an Deck. Am Vormittag befischte die Gruppe die Gorda Banks und suchte nach dem passenden Fisch für den Sieg.

»Gegen 10.15 Uhr blickte ich zum Himmel und bat den Herrn um einen Fisch. Ich hatte da so ein Gefühl. Ich wußte nicht was, aber ich ahnte, daß irgendetwas passiert«, sagte Aames.

Die Minuten verstrichen langsam. Aames hielt die Schnur und achtete auf den Köder. Fünfzehn Minuten später kam der ersehnte Biß.

»Ich rief zu Tony, daß er das Boot stoppt,

***Der 200 000-Dollar-Marlin und die Sieger-Mannschaft. Hinter der Tafel von rechts: Juan Garcia Passett, Willie Aames (der Angler), Eben Brown und Kapitän Tony Nungaray.***

Foto: Larry Dunmire

stellte die Rolle auf Freilauf und sprang in den Kampfstuhl. Kurz darauf schaltete ich die Bremse wieder zu und sofort bog sich die Rute bis zur Reling hinunter. Gleichzeitig raste die Schnur von der Spule. Es mußte ein großer Fisch sein.«

Zwölf Stunden später saß Aames noch immer im Kampfstuhl. Seine Beine hatten sich verkrampft und waren gefühllos. Blasen bedeckten Hände und Finger. Der Fisch kam mehrmals bis zur doppelten Leine ans Boot. Aber jedesmal zwang er Nungaray zum Beschleunigen des Boots, sonst hätte er die Schnur an der Schwimmtreppe aufgescheuert.

»Wir konnten den Fisch einfach nicht nach oben ziehen«, erklärte Aames. »Immer wenn er näher kam, berührte die Schnur die Treppe und Tony mußte Gas geben. Das passierte acht- oder neunmal, wobei der Fisch immer aufs Neue erschrak und flüchtete.«

Die Chancen zur Landung des Fischs schmolzen langsam dahin. Eines der beiden Getriebe der Rolle quittierte den Dienst und der Widerstand der Bremse ließ im Laufe der Nacht nach. Deshalb war Aames gezwungen, den Druck mit den Händen auf der Spule zu verstärken. Er trug keine Handschuhe, weshalb die Blasen schmerzhaft aufrissen und die Hände übel anschwollen.

Kapitän Joe Mike Lopez, der Skipper der *Top Hatt* brachte während der Nacht Wasser, Nahrungsmittel und zusätzlichen Treibstoff zum Boot. Da die *Leigh Ann* keine Deckscheinwerfer besaß, übernahm Lopez von seinem Boot aus die Beleuchtung der Szene. Aber das durchsichtige Monofil war nur schwer zu erkennen. Passett und Brown verbrachten die Nacht an der Reling und leuchteten die Schnur mit ihren Taschenlampen an.

Hin und wieder gossen sie Wasser über Aames, um ihn zu kühlen und flößten ihm Aspirin ein, das seine Schmerzen lindern sollte. Die gewaltige Anstrengung forderte ihren Tribut. Während der dunklen, kalten Morgenstunden gab Aames' rechte Hand auf und zwang ihn, mit der linken zu kurbeln. Urin und Salzwasser brannten auf seinen Schenkeln.

»Es war eine lange Nacht«, grinste Aames. »Alles tat weh. Ich bat Gott um die Stärke, die Sache durchzustehen.«

Bis zum Morgen hatte der Fisch das Boot 50 Kilometer nach Norden gezogen. La Paz erschien am Horizont. Die Tanks der *Leigh Ann* waren fast leer und Nungaray stoppte das Boot, damit sie von der *Top Hatt* neuen Sprit übernehmen konnten. Bewegungslos über tiefen Unterwasserschluchten treibend, befürchteten die Angler eine Flucht des Fischs in die Tiefe. Wenn dem Fisch dort unten die Schwimmblase platzte, dann wären alle Anstrengungen sinnlos, das tote Tier hochzuziehen. Es würde vielmehr wie ein Anker in der Tiefe treiben und wahrscheinlich irgendwann die Schnur sprengen.

»Zu diesem Zeitpunkt startete der Fisch zu seiner letzten Flucht«, sagte Aames. »Das Boot schwamm antriebslos auf dem Meer und Tony konnte nur noch zuschauen. Zum letzten Mal preßte ich meine Hände auf die Spule und drückte die Rute so gut es noch ging mit meinen Beinen nach hinten. Der Fisch stoppte und der Zug an der Leine ließ langsam nach.«

Aber der Kampf war noch nicht zu Ende. Die nächsten drei Stunden verbrachte Aames mit Pumpen, wobei er den Fisch mit jeder Bewegung nur einige Zentimeter näher ans Boot brachte. Erst 21 Stunden nach Beginn des Kampfs berührte die doppelte Leine die Rollerringe der Rute und der Wirbel kam erstmals an die Oberfläche. Jetzt war auch das Vorfach in Reichweite.

»Ich hörte nicht auf zu kurbeln«, sagte

Foto: Larry Dunmire

**_Willie Aames mußte nach seinem 21,5 Stunden langen Kampf mit einem 457pfündigen Schwarzen Marlin auf einer Trage zur Wiegestation gebracht werden._**

Aames. »Selbst als der Fisch schon an den Gaffs hing machte ich weiter. Denn ich fürchtete, daß ich nach dem Stillstand der Kurbel nicht wieder anfangen könnte.«

Passett und Brown sicherten den Fisch mit drei Haken, bevor Aames vom Kampfstuhl stieg. Seine Beine zitterten und er stürzte aufs Deck. Passett und Brown stützten seine Arme und führten ihn an die Reling.

»Es war ein erhebender Augenblick«, erinnerte sich Aames. »Keine Trauer oder Tränen, aber ein Aufwallen der Gefühle, die Spannung ließ nach. Ich verspürte zudem großen Respekt vor dem Fisch, der mich an die Grenzen meiner Kräfte brachte.«

Unglaublicherweise war der Marlin nicht mehr gehakt. Vielmehr hatte sich die Schnur um seinen Körper sowie die Rückenflosse gewickelt und der Haken klemmte unter der Schnur. Ein Loch im Maul des Fischs markierte den Punkt, wo das Eisen ursprünglich saß. Aber irgendwann fiel er in einer frühen Phase des Drills heraus. »Das erklärte vieles«, sagte Aames. »Warum er nie sprang, warum wir ihn nicht drehen konnten und warum ich während der Nacht fühlte, wie der Fisch fraß.«

Passett und Brown banden den Fisch am Heck fest und Nungaray nahm Kurs auf den Hafen. Hunderte von Menschen hatten sich am Dock versammelt und wollten das Tier sehen. Die Preisverleihung des weltweit am höchsten dotierten Angelturniers wurde verschoben, während die führenden Mannschaften gespannt auf die Ergebnisse warteten.

»Die Einfahrt in den Hafen werde ich nie vergessen«, meinte Aames. »Boote fuhren uns entgegen und begleiteten uns mit ihren Hupen. Auf den Docks drängten sich die Menschen und viele schauten von den Balkonen des Hotel zu uns hinunter. Alle jubelten und klatschten.« Der Fisch, ein Schwarzer Marlin, wurde auf die Waage gezogen, die schließlich 457 Pfund (207 kg) anzeigte – das reichte aus, um Aames Mannschaft in Führung zu bringen. Das Landen des Fischs dauerte 21,5 Stunden und brachte eine Siegprämie von über 200 000 Dollar ein.

»Die Chancen standen eine Million zu eins gegen uns«, sagte Aames. »Die Rolle versagte langsam, der Sprit ging aus und dann noch der seltsam gehakte Fisch. Wir hatten uns den Sieg redlich verdient.«

# Der alte Mann und das Meer – live erlebt

In den späten 50er Jahren kamen Mitarbeiter der Warner Brothers Filmstudios in Kailua-Kona an, um die Aufnahmen von Hemingways Roman »Der alte Mann und das Meer« auf Hawaii abzuschließen. Den Einwohnern des kleinen Fischerdorfs war so ein Trubel fremd, weshalb sie in helle Aufregung gerieten. Spencer Tracy spielte die Rolle von Santiago, dem alten Mann. Außerdem befanden sich Kameraleute, Kostümausstatter, Drehbuchautoren, Mechaniker, Vorarbeiter sowie eine Armee von Wartungsleuten und Fahrern vor Ort.

»Sie kamen nach Hawaii, damit sie die letzten Szenen drehen konnten«, sagte Phil Parker, einer der führenden Big Game-Kapitäne Hawaiis. »Sie besuchten bereits die Galapagos-Inseln, fanden dort jedoch keinen ausreichend großen Marlin für die aufregendsten Filmszenen.«

Für viele der Bewohner waren – neben Spencer Tracy – die Nachbildungen eines Marlins die größte Attraktion. Die aus Schaumstoff gefertigten und angemalten Fische unterschieden sich kaum vom natürlichen Vorbild.

»Es gab drei Fische«, sagte Parker. »Jeder zeigte ein neues Stadium während Santiagos Kampf gegen die gefräßigen Haie. Der letzte Fisch bestand nur noch aus Kopf und Schwanz mit einem gewaltigen Skelett in der Mitte. Als die Imitationen im Wasser lagen, sahen sie für alle Welt wie echte Tiere aus.«

An einem bemerkenswerten Morgen der Filmaufnahmen am Pier, kam das kleine Ruderboot eines Berufsfischers in die Bucht. In dem langsam fahrenden Boot saß ein einsamer Fischer namens Charley Spinney.

»Charley war ein hart arbeitender Fischer von altem Schrot und Korn«, erzählte Parker. »Er ging seiner Arbeit ohne großes Aufsehen nach. Kaum jemand beachtete ihn, als er anlegte. Er band sein Boot am Pier fest, sicherte seinen Fang am Ende eines Seils und zog ihn schließlich an einem Flaschenzug eines Krans von Hand nach oben. Zuerst erschien ein riesiger Schwanz, der von Spitze zu Spitze sicherlich 120 bis 150 Zentimeter breit war. Darauf folgte ein gewaltiger Körper. Auf einmal schauten alle auf den Fischer und seinen Fang. Charley zog immer weiter und hob den Fisch aus dem Wasser. Jetzt war er hoch genug und Charley konnte ihn auf den Anleger schwenken. Das Tier benötigte die gesamte Höhe des Krans.«

Es war der größte Fisch, der jemals in Kailua-Kona gelandet wurde. Keine Waage am Pier trug sein Gewicht und sogar Charley wußte nicht genau, was er jetzt machen sollte.

»Nach vielem hin und her konnte das Tier schließlich mit vereinten Kräften auf die Ladefläche eines Transporters bugsiert werden, der es zu einer starken Waage am Flughafen bringen sollte. Natürlich konnte sich Charley über viele Helfer freuen, da die Leute aus Hollywood ihren Film völlig vergessen hatten. Ihr Interesse galt nur noch dem Gewicht des Fischs.«

Sie folgten Charley und seinem Marlin

zum Flughafen, wo der Zeiger der Waage schließlich bei 1102 Pfund (499 kg) stehenblieb.

»Durch die Menschenmenge ging ein anerkennendes Raunen«, erzählte Parker. »Und von einer Minute zur anderen wurde aus dem Durchschnitts-Berufsfischer Charley ein Superstar.«

Die Nachricht von seinem spektakulären Fang verbreitete sich rasend schnell und bald hatte die gesamte Bevölkerung des Orts davon gehört. Später drängten sich Hunderte von Menschen auf dem Pier, wohin Charley seinen historischen Fang zurückgebracht hatte. Der Fisch wurde für das Blitzlichtgewitter der Kameras nochmals am Kran hochgezogen. Charley ließ das ganze Schulterklopfen über sich ergehen und erzählte schließlich seine Geschichte:

Er fischte bereits die ganze Nacht durch. Einsam umklammerte er seine Handleine und hoffte auf einen Biß, jedoch ohne Erfolg. Erst bei Einbruch der Dämmerung schluckte ein Räuber seinen Köderfisch und riß die Schnur im Schnellzugtempo durch die Hände des Fischers. Charley dachte, sein letztes Stündlein hätte geschlagen.

Er fürchtete, daß er die gesamte Schnur verlieren könnte, ohne den Fisch nur einmal zu sehen. Er konnte das Tier nicht mit den bloßen Händen halten und legte die Schnur deshalb mit einer Wicklung um den Sporn am Heck. Aufgeregt bemerkte Charley, daß der Fisch das Boot langsam hinter sich herzog.

Eine Erklärung für den ausgedehnten Kampf war ein unglücklich gesetzter Haken. An diesem Tag war das Wasser ungewöhnlich klar und mehrmals konnten die LeGrands den Fisch mit dem Köder an einer Seite des Kopfs sehen.

Als der Drill immer länger dauerte, boten Freunde über Funk ihre Unterstützung an oder versuchten mit Ratschlägen weiterzuhelfen. Die LeGrands probierten alles. Aber selbst eine durchhängende Leine, die den Fisch verwirren sollte, brachte keinen Erfolg.

»Die Nacht brachte neue Probleme«, meinte LeGrand. »Es war unser erstes Boot und besaß noch nicht die volle Ausstattung. Wie verfügten weder über Deckscheinwerfer noch über einen Kampfstuhl. Und das Licht aus der Kajüte half auch nicht viel weiter.«

Im Laufe der Nacht erschienen und verschwanden immer wieder Lichter am Horizont, einige kamen dabei näher als andere. Einmal hätte ein Frachtschiff beinahe den Kampf beendet und das Boot gerammt, aber der Kapitän drehte rechtzeitig ab und verhinderte ein Unglück.

Bei Sonnenaufgang, 15 Stunden ohne Essen oder Pause, erreichte ein Funkspruch das Boot. Ein enger Freund, Dr. Gordy Bateman, bot an, seinen Sohn Jim als Helfer an Bord zu bringen.

»Wir freuten uns darüber, daß uns später jemand beim Gaffen helfen konnte«, sagte LeGrand. »Denn wir beide waren schon ziemlich müde. Und vor allem brachte Jim etwas zum Essen mit. Es war nicht gerade einfach, stehend zu drillen und gleichzeitig zu essen. Aber es ging und neue Kräfte erwachten in mir.«

Am späten Nachmittag war LeGrand die Anstrengung jedoch deutlich anzusehen. Sein Gleichgewichtssinn ließ nach und sein Wahrnehmungsvermögen geriet durcheinander. Immer wieder spielten Halluzinationen vor seinen Augen.

»Es war gegen 18 Uhr und noch immer hell, als der Fisch seine letzte Flucht unternahm. Er schwamm in etwa 100 Meter Tiefe genau unter dem Boot, aber ich konnte nichts unternehmen. Ich war einfach zu erschöpft. Schließlich kreuzte die Schnur das Heck, geriet in die Schrauben und alles war vorbei. Ich wickelte die lose Schnur auf und legte die Rute beiseite. Mehr als 26 Stunden Kampf und dann so ein Ende!«

Die Auswirkungen des Drills auf LeGrand hielten noch längere Zeit an. Die vielen, anstrengenden Stunden brachten ihn an den Rand des Deliriums und die Halluzinationen nahmen während der dreistündigen Fahrt in den Hafen noch weiter zu:

»Es war eine lange Heimfahrt und ich erinnere mich nur daran, wie ich eine Gruppe Studenten über das Wasser rudern sah. Es war nachts gegen 21 Uhr auf dem offenen Ozean, aber sie waren meiner Ansicht nach wirklich da. Tatsächlich spielte sich alles nur in meinem Kopf ab. Ich weiß nicht wie, aber später schaffte ich es halb umnebelt, das Boot auf den Autoanhänger zu bugsieren.«

»Am nächsten Morgen wachte ich auf dem Sofa auf. Mir tat alles weh und meine Hände waren mit Blasen übersät. Ich fühlte mich schrecklich und wollte nie wieder fischen gehen.«

Doch zwei Tage später erwachte LeGrands Verlangen nach den Fischen erneut. Er schrubbte das Boot und entdeckte dabei, daß die Motoren nach der Rückfahrt nicht abgeschaltet worden waren. Sie liefen auf dem Anhänger weiter, bis kein Sprit mehr in den Tanks war – eine letzte Erinnerung an den Kampf, der nicht enden wollte.

# Die Rache des Fischs

# Der Daumen im Saibling

Robert Lindsey schaute seiner geschäftig am Bootsheck spielenden Tochter zu. Es war ein wundervoller Sommertag und er fuhr mit einigen Freunden auf dem Flaming Gorge Reservoir. Der Stausee zieht sich der Grenze zwischen den US-Bundesstaaten Wyoming und Utah entlang und gilt als erstklassiges Salmonidengewässer.

Bis zum Mittag ereignete sich nichts Besonderes. Plötzlich krachte die langsam heranrollende Welle eines entfernt vorbeifahrenden Hausboots über den Bug des Wasserski-Boots. Die Wasserwand traf Lindsey mit voller Wucht und brachte ihn aus der Balance.

»Ich erinnere mich nur, daß die Welle über die Bordwand schlug«, sagte Lindsey. »Sie erwischte mich im Rücken und füllte das Boot. Die Tochter eines Freunds saß vor mir und wurde genauso vom Wasser erfaßt. Ihre Mutter schrie auf und als ich gerade das Gleichgewicht wiederfand und mich zu ihr hinunterbeugte, kam eine zweite Welle und warf mich über Bord.«

Das Boot fuhr über Lindsey und drückte ihn unter den Kiel. Er trieb mit dem Bauch nach oben und mit dem Kopf voraus auf die wirbelnde Schraube zu. Seine Augen waren geöffnet und sahen den Boden vorbeirauschen.

»Ich wußte, daß ich hier weg muß und wollte seitlich wegschwimmen. Auf einmal spürte ich, wie meine Hand durch die Schraube ging. Das Gefühl ist schlecht zu beschreiben. Es war kein Schmerz, aber ich wußte sofort, daß es meiner Hand schlecht ging.«

Lindsey arbeitete sich so schnell wie möglich vom Boot weg. Trotzdem schnitt ihm die rasende Schraube eine tiefe Wunde vom Knie bis zum Fuß ins Bein. Augenblicke später erreichte er halb betäubt und blutend die Oberfläche.

»Zuerst sah ich meinen Zeige- und Mittelfinger, die neben dem Handgelenk hingen«, erinnerte sich Lindsey. »Nur ein kleiner Streifen Haut verhinderte, daß sie abfielen. Alles war voller Blut und ich konnte meinen Daumen nicht entdecken.«

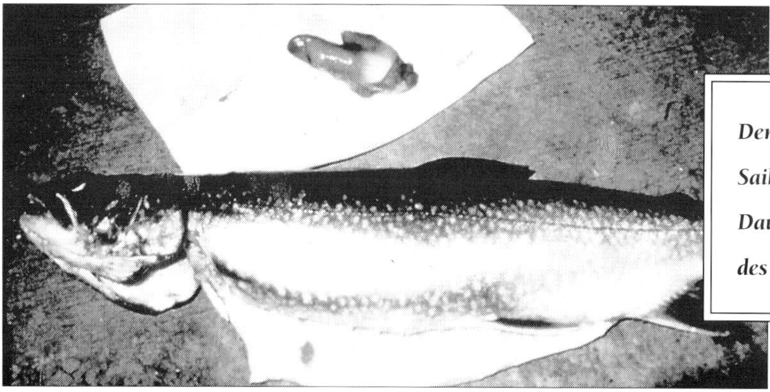

*Der ausgenommene Saibling mit Lindseys Daumen, der im Magen des Fischs lag.*

Foto: Blake Robinson

Das Boot war teilweise gesunken und alle Passagiere schwammen im Wasser. Die Kinder trugen im Unterschied zu Lindsey Schwimmwesten, der sich unter Schock nur mühsam über Wasser halten konnte.

»Ich verlor viel Blut und fühlte mich langsam ziemlich schwach. Glücklicherweise schwamm einer meiner Freunde rasch zu mir und ich konnte mich mit der gesunden Hand an seiner Weste festhalten«, erinnerte sich Lindsey.

»In einiger Entfernung fuhr ein Boot vorbei. Wir winkten und schrien um Hilfe, so laut wir konnten. Ich wollte schnellstens aus dem Wasser und als das Boot bei uns ankam, zog ich mich mit einer Hand selbst an Bord.«

Lindsey verbrachte 17 Tage im Krankenhaus, wo Chirurgen seine beiden Finger retten konnten. Der Daumen war jedoch verloren und sein Bein zeigte eine lange Narbe mit vielen Stichen, mit denen die Ärzte die klaffende Wunde schlossen.

Sieben Monate nach dem Unfall erzählte jemand seiner Frau von einem Zeitungsartikel. Darin stand, daß ein Angler einen Saibling mit einem menschlichen Daumen im Magen fing. Blake Robinson fischte auf dem Eis des Flaming Gorge Reservoirs und zog am Nachmittag einen etwa sechs Pfund schweren Saibling aus dem Eisloch. Der Fisch lag knapp unter dem Brittel-Schonmaß von 26 bis 36 Zoll (66 bis 91 cm), das den Erhalt der Saiblinge im See sicherstellen soll. Robinson stellte das Angeln ein und nahm den Fisch sofort aus.

»Dabei entdeckte ich den dicken Magen«, sagte er. »Wir angelten den ganzen Tag mit Köderfischen und ich wollte sehen, was er sonst noch gefressen hat. Ich schnitt das Organ auf und ein seltsames Etwas fiel heraus. Zuerst erkannte ich jedoch nicht, daß es ein menschlicher Daumen war.«

Das Körperteil war gut erhalten und nach dem ersten Schrecken wickelte ihn Robinson in ein Stück Klarsichtfolie ein. Er markierte den Fangort mit einer roten Fahne auf dem Eis und brachte den Daumen zur nächsten Polizeistation. Der Sheriff nahm ein Protokoll auf und brachte das Körperglied zum örtlichen Leichenbeschauer, der es im Kühlschrank aufbewahrte.

»Nachdem ich den Zeitungsartikel gelesen hatte, rief ich beim Leichenbeschauer an und sagte ihm, daß der Daumen möglicherweise mir gehört«, sagte Lindsey. »Er hielt mich zunächst für einen Spaßvogel und fragte mich, ob ich den Verlust angezeigt hätte. Das war schon geschehen, allerdings nur auf der Seeseite von Utah, wo der Unfall passierte. Aber niemand hatte den Vorfall nach Wyoming gemeldet. Der Leichenbeschauer überprüfte meine Geschichte und rief mich zwei Wochen später an und fragte mich, ob ich bei ihm den Daumen identifizieren könnte.«

Lindsey besorgte sich die Röntgenaufnahmen von der Chirurgie und fuhr damit zum Leichenbeschauer. Er holte den Daumen aus dem Kühlschrank – er paßte tatsächlich einwandfrei zu Lindseys Hand und den Röntgenbildern der Wunde.

»Die Aufnahmen waren wichtig, da von mir keine brauchbaren Fingerabdrücke existierten. Aber alles stimmte hundertprozenzig, sogar die Schnittstelle von der Schraube.«

Der Leichenbeschauer war zufrieden und überreichte Lindsey seinen Daumen, der heute in Formalin konserviert in einem Schrank an das Ereignis erinnert.

»Es war ein kleiner Schock, als ich von dem seltsamen Fang las«, meinte Lindsay. »Außerdem zersetzt die Magensäure eines Fischs selbst einen Haken innerhalb weniger Tage, der Fisch ging vermutlich kurz nach dem Fressen des Daumens an den Köder.«

# Der Marlin im Bein

Bob Fitzgerald wußte nicht, wieviel Glück er hatte. Denn das Schwert des Weißen Marlins, das seinen Oberschenkel durchbohrte, verfehlte nur knapp die Hauptarterie.

»Meine Frau und ich fischten vor Andros Island auf den Bahamas. An Bord waren außerdem unsere Freunde Bob und Barbara Carlson sowie Mike und Sunny Wirtz, denen die 27-Meter-Yacht *Blackhawk* gehörte«, so Fitzgerald. »Es war elf Uhr vormittags und ich hatte gerade den ersten Marlin unserer Fahrt gehakt. Ich saß im Kampfstuhl und wartete darauf, daß ihn ein Besatzungsmitglied gafft und an Bord zieht.«

Es war ein kleiner Weißer Marlin, völlig abgekämpft vom Drill. Als er jedoch die Bordwand erreichte, erwachte er völlig unerwartet zu neuem Leben. »Ich erinnere mich noch, wie der Fisch sprang. Noch vor einer Minute war er friedlich und jetzt flog er auf mich zu. Es geschah so schnell, ich konnte mich nicht rechtzeitig aus dem Stuhl befreien. Ich warf mich nur so schnell es ging zur Seite und riß die Arme schützend vor mein Gesicht.«

Der Marlin klaschte ins Boot und bohrte sein Schwert durch Fitzgeralds Schenkel.

Jeder starrte schockiert darauf, wie der Fisch den Spieß wieder herauszog und auf Deck wild um sich schlug.

»Als das Schwert wieder aus meinem Bein herausging, zogen die Widerhaken einige Muskelfasern mit heraus«, sagte Fitzgerald. »Es sah schrecklich aus, verstopfte jedoch die Wunde und stoppte die Blutung.«

Während der Kapitän um Hilfe für den Verletzten funkte, gingen alle anderen vor dem Fisch in Deckung. »Ich erreichte tatsächlich einige Ärzte«, erzählte Kapitän Hillard Hardy. »Aber sie waren alle beim Fischen und konnten frühestens am späten Nachmittag den Hafen erreichen. Wir reinigten die Wunde und wollten Kurs auf die Docks nehmen. Aber Bob bestand darauf, daß wir draußen bleiben und weiterangeln. Eigentlich wollte ich nicht, aber er beharrte darauf. Das Bein schien in Ordnung zu sein und wir brachten ihn auf das Oberdeck, wo wir ihn beobachten konnten, falls etwas mit der Wunde passiert. Bob war ein guter Patient. Er verlangte nur nach einem kühlen Martini und forderte zum weiteren Fischen auf.«

Seine Entscheidung brachte noch einige Fische. Sunny und Jane erhielten gleichzeitig einen Biß und Mike landete einen großen Blauen Marlin. Fitzgerald, dessen Bein mittlerweile taub und angeschwollen war, schaute zu, verarztete sich mit Martinis und feuerte seine Freunde an.

Als sie später in den Hafen einliefen, konnte er das Bein allerdings nicht mehr bewegen. Inzwischen wartete Dr. Gordon Hill, ein Orthopäde aus Miami, im Hafen auf Fitzgerald.

»Das Bein war übel geschwollen und blutete innerlich«, sagte Hill. »Aber immerhin verletzte der Fisch weder wichtige Arterien noch den Knochen. Der Angler hatte viel Glück.«

Hill reinigte die Wunde, verabreichte Antibiotika und Schmerzmittel und empfahl eine medizinische Versorgung in den USA. Nach einem Tag auf See und dem langen Flug nach Illinois kam Fitzgerald in Chicago an und suchte sofort seinen Arzt, Dr. Blazek, auf. Das Bein hatte inzwischen eine dunkelviolette Farbe angenommen.

»Hätte der Marlin die Hauptarterie verletzt, wäre das Bein verloren gewesen und Bob vielleicht gestorben. Niemand wäre in der Lage gewesen, die dann auftretende, massive Blutung zu stoppen. Dazu wäre eine Aderpresse nötig gewesen«, so Blazek.

Nach einigen Wochen heilte Fitzgeralds Bein. Die Muskeln funktionierten wieder vollständig und nach 15 Jahren erinnert nur noch eine kleine Narbe an das Abenteuer.

**Wußten Sie schon?**

***Der schwerste je gefangene Hummer wog 20 Kilogramm. Er wurde 1977 in der Nähe von Nova Scotia in Kanada gefangen.***

# Klapperschlangen-Alarm

Kevin Jones und sein Angelpartner Paul Shepherd waren auf den zweiten Schwarzbarsch des Tages aus. Es war früh an einem Morgen des Jahres 1992 und die beiden nahmen am »American Bass Association´s Team«-Wettbewerb am Lake Castaic in Südkalifornien teil. Shepherd fing den ersten Fisch von 3,5 Pfund, der gleich in den Fischtank kam.

»Wir fühlten uns recht gut«, sagte Jones. »Wir mußten noch fünf weitere Fische bis zum Limit fangen, weshalb wir in eine nahe Bucht fuhren und dort unser Glück versuchten.«

Shepherd stand am Bug, steuerte das Boot mit dem Fußpedal und fischte mit einem Spinner. Jones angelte vom Heck aus und probierte einen Gummifisch aus. Langsam fischten sie das Wasser ab und bewegten sich währenddessen immer weiter in die Bucht hinein.

»Ich fing einen kleinen Barsch, kaum länger als 25 Zentimeter«, erzählte Jones. »Als ich ihn zurücksetzte, hörte ich ein Platschen am Ufer. Ich dachte, daß Paul einen Fisch gehakt hätte. Ich schaute in Richtung des knapp 15 Meter entfernten Ufers und sah etwas im Wasser. Es bewegte sich und kam direkt auf uns zu.«

Jonas warf noch einmal aus, als Shepherd schrie: »Eine Schlange!«. Jonas dachte, daß Shepherd das Boot jetzt rasch zur Seite fahren würde und holte schnell seinen Köder ein. Stattdessen angelte Shepherd in aller Seelenruhe weiter.

»Paul kommt aus Oregon und hatte bereits mit Schlangen zu tun«, sagte Jones. »Deshalb dachte ich, daß er bestimmt das richtige macht und sorgte mich nicht weiter. Ich warf wieder aus und plötzlich sagte Paul mit gepreßter Stimme: ›Kevin, das ist eine Klapperschlange!‹«.

Shepherd kurbelte rasch seine Leine ein und fuhr das Boot von der Schlange weg. Jones holte ebenfalls die Schnur ein und blieb am Heck, von wo aus er die Klapperschlange nervös beobachtete.

»Sie war etwa sieben Meter entfernt und schwamm jetzt dem Boot hinterher«, erinnerte sich Jones. »Paul wurde unruhig und brachte den Schleppmotor auf Höchstgeschwindigkeit. Eigentlich sollte das reichen, aber in wenigen Sekunden schwamm das Tier kurz hinter dem Boot.«

> **»Es war wie im Alptraum. Die Klapperschlange war noch immer am Leben und verfolgte uns.«**

Jones nahm seine teure Barschrute und schlug mit der Spitze zwischen Boot und Schlange. Sie zeigte sich jedoch wenig beeindruckt und wickelte sich um den großen Motor. »Jetzt war ich mir sicher, daß sie ins Boot wollte«, erklärte Jones. »Paul war genauso besorgt und schrie: ›Laß' die Schlange nicht an Bord!‹«.

Jones warf die Rute zur Seite und griff sich den Kescher. Er teilte Hiebe wie mit einem Baseball-Schläger aus, konnte die Schlange aber nicht treffen.

»Sie lag recht ungünstig, weshalb ich beherzt näher heranging. Ich stand einen Schritt vor dem Bootsende und drückte immer wieder das Ende des Kescherstiels auf ihren Körper – und jedesmal stieß das Tier auf das Handteil zu und versuchte es zu beißen.«

In Panik und etwas resigniert lehnte sich Jones zurück und wollte kräftig zustoßen. Noch in der Bewegung rutschte er jedoch aus und fiel mit dem Kopf weniger als eine Ellenbogenlänge von der Schlange entfernt auf den Boden. Eine Sekunde lang war er benommen, konnte jedoch sehen, wie das Tier ihn anstarrte.

»Sie stieß auf mein Gesicht zu. Zum Glück hatte sie sich so fest um die Kabel des Motors gewickelt, daß sie nicht weit genug nach vorn kam.«

Jones sprang auf schnappte wieder den Kescher. Er zielte sorgfältig und traf die Schlange etwa in der Mitte. »Zunächst wich sie zurück und wickelte sich dann ab«, erzählte Jones. »Ich wußte nicht, ob sie ins Wasser oder ins Boot wollte. Zum Glück entschied sie sich für das Wasser.«

Die Schlange fiel in den See und zum ersten Mal konnte Jones ihren Körper ganz sicher erkennen. Er holte mit dem Netz aus und schlug ihr den Stiel über den Kopf. Der Körper erschlaffte und sank unter die Oberfläche.

»Erst jetzt sah ich sie in voller Länge und ich meinte zu Paul: ›Mein Gott, schau dir das riesige Vieh an‹. Die Schlange war wenigstens einen Meter achzig lang und Paul zählte acht oder neun Glieder am Schwanz.«

Nachdem sie weg war, drehte sich Jones um und schaute Shepherd ungläubig an. Und als er sich wieder der anderen Seite zuwandte, schwamm die totgeglaubte Schlange schon wieder auf das Boot zu.

»Es war wie im Alptraum«, sagte Jones. »Die Klapperschlange war noch immer am Leben und verfolgte uns. Sie erreichte eine Seite des Boots und wollte gerade aus dem Wasser kommen. In diesem Augenblick nahm ich wieder das Netz und drosch wie besessen auf das Tier ein. Dabei muß ich es irgendwie verletzt haben, denn plötzlich schwamm es vom Boot weg auf die andere Seite der Bucht und ringelte sich dort unter einem Baum zusammen.«

Später diskutierten die beiden Angler ihr Abenteuer auf einem anderen Teil des Sees.

»Eigentlich hätten wir nur den Hauptmotor starten und wegfahren sollen. Aber wir waren zu sehr in Panik um klar zu denken«, meinte Jones. »Außerdem erwarteten wir schon an der ersten Stelle nicht, daß uns die Schlange folgen würde.«

Eine halbe Stunde später angelten sie weiter und konnten sich am Abend sogar über den Scheck für den 15. Platz im Turnier freuen.

»Den hatten wir uns wirklich verdient«, lachte Jones. »Wir fingen zwar nicht sonderlich gut, erhielten aber trotzdem noch ein Preisgeld. Heute nehme ich zum Angeln immer einen dicken Knüppel mit. Nach dem Erlebnis mit der großen Klapperschlange gehe ich lieber auf Nummer Sicher.«

**Wußten Sie schon?**

***Es gibt über 40000 Fischarten, mehr als die doppelte Zahl aller anderen Wirbeltiere zusammen.***

# Nochmal Glück gehabt ...

Paul Claus fühlte das Wasser an sich vorbeirauschen und wußte, daß er bald ertrinkt. Der schwere Kampfstuhl war am Deckel zum Maschinenraum befestigt und beide sanken schnell. Und ein 800 Pfund schwerer Blauer Marlin zog das Ganze geradewegs nach unten.

Es geschah im November 1984, als Claus seinen ersten Marlin hakte. Zusammen mit Glenn Van Valin, dem Eigner des Acht-Meter-Angelboots *Karm* war er schon oft zum Fischen hinausgefahren. Diesen Tag würden sie jedoch nie vergessen.

»Rasch gingen die Köderfische an den Haken und gegen 6.30 Uhr kam der Biß«, erzählte Claus. »Dabei hatte Glenn nicht einmal genug Zeit, die Schnur in den Outrigger einzuhängen. Ich sprang in den Kampfstuhl und streifte den Harness über. Er war locker, aber der Fisch ließ mir keine Zeit ihn festzuziehen. Ein Sicherheitsgurt hielt mich fest auf dem Sitz. Als der Fisch näherkam meinte Glenn, daß ich ihn besser öffnen sollte, falls er meine Hilfe benötigte. Wahrscheinlich rettete mir der offene Gurt zusammen mit dem losen Harness das Leben.«

Das eine Ende eines etwa 15 Millimeter starken Nylonseils war am Kampfstuhl festgebunden, das andere am Flying-Gaff. Stabile Bolzen aus rostfreiem Stahl hielten den Stuhl wiederum an der Maschinen-Abdeckung, die schließlich fest auf dem Deck saß. Als sich Van Valin mit dem Gaff über Bord beugte, konnte

niemand das folgende Geschehen ahnen.

»Zunächst erinnere ich mich daran, wie der Fisch zu schlagen begann und das Wasser förmlich explodierte«, sagte Claus. »Dann spürte ich diesen gewaltigen Zug und flog durch die Luft. In Panik versuchte ich mich auf meinem Weg über Bord an allem möglichen festzuhalten – an Glenn, an der Reling, an irgendetwas, das mein Leben retten könnte.«

Claus konnte nicht wissen, daß der Marlin die 1,2 × 1,8 Meter große Maschinenabdeckung von den Befestigungsbolzen gerissen hatte und sie samt dem Kampfstuhl aus dem Boot zog. »Beim Aufschlag auf das Wasser drehte sich alles um mich herum. Es war ein unglaubliches Chaos und es herrschte ein enormer Wasserdruck – nicht von der Tiefe, sondern von der Geschwindigkeit und dem Wasserwiderstand. Ich fühlte mich wie ein Schnellboot, als ich mit dem Kopf voraus durchs Wasser raste. Dabei konnte ich mich nicht bewegen.

***» Ich dachte, daß ich wohl sterbe. Mir gingen viele Dinge durch den Kopf. Aber plötzlich überkam mich ein gewaltiger Überlebenswille. «***

Ich dachte, daß ich wohl sterbe. Mir gingen viele Dinge durch den Kopf. Aber plötzlich überkam mich ein gewaltiger Überlebenswille. Es wäre eine dumme Art zu sterben. Ich begann meinen Arm unter dem Harness hervorzuziehen und kam tatsächlich frei. Plötzlich war die rasende Fahrt zu Ende. Kein Chaos und kein Druck mehr, nur Stille und Dunkelheit.«

Claus war dem Tode nah. Auf der einen Seite sah er diffuses Sonnenlicht, auf der anderen war es dunkel. Er schwamm auf das Licht zu. Seine Lungen drückten an den Hals und in seinem Kopf hämmerte es. Und langsam verschwamm alles vor seinen Augen.

Seine Frau Donna hatte das Boot gesteuert und bekam einen hysterischen Anfall. Van Valin war vom Stuhl und von der Abdeckung getroffen worden. Er stand benommen und blutend auf dem Deck. Beide suchten unter Schock das Wasser nach einem Zeichen von Claus ab.

»Als ich schon dachte, daß es nicht mehr weitergeht, sah ich über mir den Kiel des Boots«, erinnerte sich Claus. »Es war schwer, bei Bewußtsein zu bleiben, aber irgendwie ging es. Der erste Atemzug an der Oberfläche fühlte sich an wie eine zweite Chance im Leben. Glenn war völlig aus dem Häuschen und Donna weinte. Jetzt merkte ich erst, wieviel Glück ich hatte. Sie halfen mir an Bord, wo ich jedoch nicht stehen konnte. Später stellte ich fest, daß selbst das Innenohr auf beiden Seiten voller Wasser stand.«

Van Valin hatte sich einige Rippen gebrochen und seine Kopfwunde wurde mit 18 Stichen genäht. Claus kam ohne sichtbare Verletzung davon. Und obwohl der Druck in der Tiefe Wasser in seine Ohren drückte, blieben die Trommelfelle unversehrt.

»Einige Tage nach dem Unfall fuhr ich mit meiner Tauchausrüstung an die Stelle zurück«, erzählte Claus. »Unter Wasser nahm ich die Maske ab und schaute zum Boot hinauf. Den tiefsten Punkt meines unfreiwilligen Tauchgangs konnte ich dadurch auf rund 24 Meter und die Stelle, wo ich das Boot entdeckte, auf neun Meter schätzen.«

»Später erzählte mir Donna, daß ich über anderthalb Minuten unter Wasser blieb – ein paar Sekunden länger und ich wäre gestorben.«

# Der Flug des Rochens

Flach und ruhig lag das Wasser nördlich vom St. Theresa-Strand in Florida. Nur ein sanftes Kräuseln bewegte die Oberfläche. Rick Carroll saß hinten in seinem 4,5-Meter-Boot und rauschte mit voller Geschwindigkeit über die See. Seine Söhne, Carlton und John Adam, standen am Bug und freuten sich über die rasende Fahrt. Bill Piotrowski, ein enger Freund Carrolls, saß in der Mitte des Boots. Sie waren im Golf von Mexiko auf dem Weg zu den Turkey Point Flats, einem drei Kilometer entfernten Flachwassergebiet. Sie wollten noch früh am Morgen mit dem Schleppfischen beginnen.

Während der schnellen Fahrt holperte das Boot plötzlich über etwas im Wasser. Caroll, dem Piotrowski die Sicht nahm, stellte den Motor ab. Er vermutete, daß Treibgut im Weg schwamm. Aber es war nichts zu sehen. Statt dessen lag ein gut 150 Pfund schwerer Adler-

*Dieser 425 Pfund schwere Stachelrochen brach 1960 den IGFA-All-Tackle-Rekord. Das gewaltige Tier war 2,50 Meter lang und besaß eine Flossenspannweite von zwei Metern. Bill Bendall (links) fing den Rochen an Bord von Kapitän Snooks Fullers Boot Lady Doreen. Rechts Bendalls Angelfreund George Mandeno.*

Foto: Kapitän Snooks Fuller

rochen über dem Bug. Carlton, der zuvor genau an dieser Stelle stand, lag blutend unter dem Tier.

»Der Rochen sprang hoch und klatschte ins Boot«, erklärte Carroll. »Seine Flossen hingen über beide Seiten der *Lady Doreen*. Carlton war verletzt, aber ich wußte nicht wie schwer.«

Carroll sprang zum Bug, griff an den Knochenkamm über den Augen und zog. Piotrowski, dessen Knie der Rochen ebenfalls einklemmte, drückte gleichzeitig nach oben – vergeblich. In Panik kroch Carroll mit dem Rücken nach oben unter den Schwerpunkt des Tiers und konnte es mit aller Kraft über Bord schieben.

Carlton war bewußtlos. »Als ich seine Rettungsweste auszog, fiel sein Kopf nach hinten«, erinnerte sich Carroll. »Sein Ohr war voller Blut und ich dachte, der Rochen hätte ihm das Genick gebrochen.«

Während Carroll seinen Sohn in den Armen hielt, raste Piotrowski mit dem Boot zur Küste. »Mit dem Rochen schwappte eine ganze Menge Wasser an Bord, weshalb wir durch das zusätzliche Gewicht scheinbar nur im Schneckentempo vorankamen. Zum Glück kam ein schnelleres Boot vorbei, das gleich stoppte. Drei junge Männer brachten es längsseits und ich sprang mit Carlton hinüber. Sofort ging es mit Vollgas weiter. Ich betete, daß Carlton nichts Schlimmes passiert war«, sagte Carroll.

»Im Hafen rannten die Jungs sofort los um Hilfe zu holen. Einige Minuten später kamen sie mit einem Arzt zurück. Er behandelte Carlton 45 Minuten lang, bis ein Hubschrauber aus Tallahassee landete.

Nachdem der Helikopter meinen Sohn ins Krankenhaus gebracht hatte, erfuhr ich von dem Arzt, daß Carltons Puls dreimal ausgesetzt hatte – ohne die Hilfe des Doktors wäre er gestorben.«

Im Tallahassee Memorial Krankenhaus lag Carlton noch zwei Tage lang bewußtlos im Bett. Nachdem er sich von einer schweren Gehirnerschütterung erholt hatte, durfte er fünf Tage später nach Hause.

»Zum Glück kam sofort medizinische Hilfe und später der Hubschrauber, was unserem Sohn das Leben rettete«, sagte Carroll. »Und trotz der Sache mit dem Rochen ist Carlton noch immer ein begeisterter Angler.«

Foto: Kapitän Rick Carroll

***Der fünfjährige Carlt[on] Carroll mit dem Hubschrauber, der sein Leben rettete. Zuvor stürzte ein springend[er] Rochen auf den am B[ug] eines Boots stehenden Jungen.***

# Die Nasenfliege

Glücklicherweise war Bill Poyneers Regenbogenforelle ein kapitales Exemplar. Sonst wäre seine unerfreuliche Erfahrung am Mexican Hay Lake die einzige Erinnerung an den Tag geblieben.

Der Himmel strahlte an diesem Sommermorgen in klarem Blau und Poyneer trieb sein Kanu auf die Mitte des Sees zu, der wie viele andere im Indianer-Reservat der White Mountains von Arizona liegt. Im Boot lagen seine Fliegenrute, eine Zubehörschachtel sowie eine Schrotflinte im Kaliber 12. Nach einiger Zeit ließen die Bisse nach und er beschloß auf Entenjagd zu gehen.

»Der Mexican Hay ist flach«, sagte Poyneer. »Überall nur etwa einen Meter zwanzig tief. Ich fischte in der Mitte des Sees und entdeckte auf einer Seite plötzlich eine Wasserhose. Sie traf ein anderes Boot und warf es um. Im Sommer entstehen kleine Wirbelstürme, die ›Dust Devils‹ (Staubteufel) genannt werden und beim Überqueren eines Gewässers die Wasserhosen bilden. Sie lief jetzt geradewegs auf mich zu, würde mich aber wohl verfehlen.«

Tatsächlich kam sie jedoch genau in seine Richtung und er begann wie besessen zu paddeln – aber die Wasserhose war schneller. Sie erfaßte Poyneer samt dem Kanu, das schließlich kieloben schwamm. Poyneer drehte es wieder um, holte seine Ausrüstung aus dem flachen Wasser und kehrte ans Ufer zurück.

»Das war wohl eine Warnung«, sagte er. »Aber der Tag war noch jung und ich wollte weiterfischen.« Er trocknete sein Gewehr und legte seine nasse Kleidung in die Sonne. Nachdem alles wieder trocken war, ging er mit einem Belly-Boat erneut in den See.

»Mit meiner Rute der Schnurklasse 3 hakte ich eine große Forelle und drillte sie 20 Minuten lang«, erzählte Poyneer. »Sie kam etwa einen Meter vor dem Schwimmreifen an die Oberfläche und legte sich auf die Seite. Ich dachte, sie wäre tot.«

Poyneer führte keinen Kescher mit, weshalb er den Fisch näher zu seiner Hand ziehen mußte. Die leichte Rute bog sich beängstigend durch. Genau vor seiner Hand erwachte die Forelle plötzlich zu neuem Leben und sprang. Dabei löste sich die Fliege und schoß in Poyneers Gesicht. Der fliegende Fisch landete im Belly Boat und schlug wild um sich. Gleichzeitig lief Blut über das Gesicht des Anglers.

»Es war furchtbar«, schüttelte Poyneer den Kopf. »Die Fliege sprang genau in meine Nase und an diesem Tag hatte ich zum ersten Mal den Widerhaken nicht zusammengedrückt. Ich wußte, daß ich die Fliege nicht herausbekomme, schnitt das Vorfach durch und schlug die Forelle ab. Dann paddelte ich ans Ufer und mittlerweile war fast das ganze Belly Boat von meinem Blut gesprenkelt.«

Er fuhr 35 Minuten lang ins nächste Krankenhaus, wo ein Arzt die Fliege chirurgisch aus dem Nasenloch holte.

»Alle Schwestern und Ärzte wollten den Fischer mit der Fliege in der Nase sehen« lachte Poyneer. Zwei Stiche und Stunden nach dem Unfall kehrte er an den See zurück. »Erst am späten Nachmittag konnte ich zusammenpacken und nach Hause fahren.«

Der Fisch wog fünf Pfund (2,26 kg) und das Maßband zeigte 63,5 Zentimeter an. Das war die größte und gleichzeitig bemerkenswerteste Regenbogenforelle, die Poyneer bisher fing.

# Kurz am Spieß vorbei

Schon am ersten Tag des Marlin-Wettbewerbs landete Chuck Knox, der Cheftrainer der Football-Mannschaft Los Angeles Rams, seinen ersten Schwertträger. Jetzt schaute er zu, wie der Kapitän mit seiner Mannschaft den Fang am Heck befestigte.

Sie fischten vor der Küste von Rancho Buena Vista, einem kleinen Fischerdorf an der Spitze der Baja California. Hier organisierte Howard Ashby, ein enger Freund von Knox, ein privates Angelturnier für Spieler und Trainer der Rams.

»Ich hatte gerade meinen ersten Fisch gefangen, als ein weiterer links neben dem Boot sprang«, erzählte Knox. »Die Leute meiner Mannschaft waren mit dem ersten Marlin beschäftigt, weshalb ich die Leiter zum Cockpit hochkletterte und den Fisch von oben genauer betrachten wollte. Ich erreichte gerade das obere Ende der Leiter und plötzlich sprang der Fisch genau auf mich zu. Sein Schwert schlug durch die Holzverkleidung über mir und riß ein Stück heraus. Ich stand nur da und hatte Angst, mich zu bewegen.«

Der Marlin landete auf der anderen Seite des Boots wieder im Wasser und schwamm davon. Alle rannten zur Leiter und starrten ins Wasser.

»Wir sahen das Holzstück treiben und fischten es zur Erinnerung heraus«, so der Trainer weiter. »Es hatte in der Mitte ein rundes Loch, wo das Schwert des Fischs durchging.«

Keith Norman, der mit Knox zusammen fischte, erzählte Howard Ashby die Geschichte über Funk.

»Ich war auf einem anderen Boot, wo ich den Funkspruch hörte«, sagte Ashby. »Sie waren alle ziemlich aufgeregt – es konnte kein Scherz sein. Ich sah früher schon mehrmals, wie Marline ihr Schwert in ein Boot bohrten, aber nie im freien Sprung.«

Ashby nahm das herausgerissene Holz, beschriftete es als »Wandernde 110 Prozent-Trophäe«, die er den Gewinnern des jährlich veranstalteten Wettbewerbs gewissermaßen statt einem Wanderpokal überreicht.

16 Jahre nach dem Erlebnis sieht Knox vor seinem geistigen Auge noch immer den vorbeifliegenden Marlin. »Es war die Hölle«, meinte er. »Ich war nur eine Ellenbogenlänge vom Schwert entfernt und der Fisch hätte mich beinahe aufgespießt. Wenn jemand oben am Cockpit gestanden wäre, hätte ihn der Fisch mit Sicherheit verletzt.«

**Wußten Sie schon?**

***Der längste bekannte Flug eines Fliegenden Fischs ereignete sich 1972 vor der Küste von Mosambik in Südostafrika. Das Tier blieb 90 Sekunden in der Luft und legte dabei eine Strecke von ziemlich genau 1110 Meter zurück.***

# Das Thunfisch-Wrack

Der Zweite Weltkrieg wogte auf den Schlachtfeldern in Europa, als Kapitän Ed Cleland auf die Brücke seines Berufsfischer-Bootes kletterte, das in Südkalifornien ankerte. Unter der Woche flog er als Testingenieur Maschinen des Flugzeugherstellers Lockheed über das San Fernando-Tal und ging am Wochenende im Nebenberuf auf Thunfisch-Jagd.

Wie immer gab es nahe der Ostseite von Catalina Island eine Menge Albacores und Cleland begann zu fischen – immerhin konnte er mit einem Tagesfang von durchschnittlich 800 Pfund rechnen.

Er schleppte mit acht Leinen, jeweils drei an den beiden Outriggern und zwei hinter dem Heck. Die Kunstköder bestanden aus Knochen und hingen an 250 Pfund tragenden Vorfächern. Jedes Vorfach hing an einem dicken Seil, das wiederum an einem elastischen Band befestigt war, das den harten Schlag beim Biß eines Thuns abfederte. Vor Catalina brachten die meisten Fische zwischen 30 und 40 Pfund auf die Waage, mit denen die Ausrüstung leicht fertig wurde.

Bald fand Cleland einen Schwarm. Er schleppte seine Köder mittendurch, erhielt aber keinen Biß und begann zu kreisen. Auf einmal schnappte ein Elastik-Band unter einem Biß nach hinten, kurz darauf folgten die anderen – acht Fische an acht Schnüren. Die Outrigger aus Eukalyptus-Holz waren so ein Gewicht nicht gewohnt und bogen sich bis zum Wasser hinunter.

Cleland und sein Helfer sprangen sofort los und wollten die Leinen sichern. Aber plötzlich zerriß ein lautes Krachen die Luft und stoppte sie mitten im Lauf. Ein Knäuel aus Seilen, Angelschnüren und Stücken der Reling schwamm in einiger Entfernung auf dem Wasser und Fische, große Fische, sprangen um die Trümmer herum.

»Unsere gesamte Ausrüstung war weg«, erzählte Cleland. »Die Fische rissen sogar die Reling aus dem Boot. So etwas hatte ich noch nie gesehen. Wir dachten, der Teufel wäre hinter uns her.«

Die Fischer schätzten das Gewicht der Gelb- oder Blauflossenthune auf etwa 100 Pfund pro Exemplar. Innerhalb weniger Sekunden ging ein Tagesfang an die Haken und wieder verloren.

# Der Wahoo-Angriff

Lou Wiczai nahm seine Position am Heck des 27-Meter-Charterboots *Royal Star* ein. Er war einer der 30 Angler, die 500 Meilen südlich der mexikanischen Stadt Cabo San Lucas auf Wahoos fischten. Die Insel Roca Partida tauchte langsam am Horizont auf, die erste Station ihrer 16 Tage langen Reise. Gleichzeitig markierte sie eines der weltbesten Gebiete zum Big-Game-Fischen.

Wiczai, ein kräftiger Veteran und ausdauernder Thunfischangler, wartete mit drei weiteren Fischern auf das Signal des Skippers Dave Kagawa, die ersten Köder des Tages auszuwerfen. Kagawa teilte die Angler in Mannschaften zu je vier Fischern auf, die sich im halbstündigen Rhythmus am Heck abwechselten. Wiczai ließ seinen Köder nach dem Signal ins Kielwasser taumeln und prompt verbog sich seine Rute unter einem Biß.

***»Ich schaute auf meinen Arm und sah nur Blut. Mein erster Gedanke war ›Oh Gott, da geht der Angelausflug dahin!‹«***

Nachdem zwei andere Angler einen weiteren Wahoo sowie einen kleinen Thunfisch fingen, durfte Wiczai wieder zum Schleppen ans Heck. Der Fischer in der Steuerbord-Ecke setzte den nächsten Anhieb. Das Boot stoppte und die Angler stürmten in Vorfreude auf die Meeresräuber unter dem Boot zu den Köderkisten.

Wiczai holte seinen Kunstköder ein und hob ihn aus dem Wasser. Er wandte sich gerade zur Seite um die Rute zu wechseln, als er aus dem Augenwinkel ein Blitzen hinter dem Heck und einen Schatten auf sich zufliegen sah. Reflexartig riß er seine Arme vors Gesicht.

Mit offenem Maul schlug ein etwa 40pfündiger Wahoo auf seinen Unterarm. Der Schwung schlug ihn an seinen Kopf und zerschlug Wiczais Brille. Der Wahoo prallte jedoch zurück, fiel wieder in die See und schwamm davon.

»Ich schaute auf meinen Arm und sah nur Blut«, erinnerte sich Wiczai. »Mein erster Gedanke war ›Oh Gott, da geht der Angelausflug dahin!‹«

Der Wahoo hatte sich auf den über dem Wasser schwebenden Köder gestürzt und riß seine Zähne in die Oberseite des Arms. Blut strömte aus der tiefen und fast acht Zentimeter langen Wunde, in der sogar einige Adern zu sehen waren.

Skipper und Mannschaft liefen zusammen, reinigten die Wunde und schützten sie mit Mullbinden. Nach wenigen Minuten nahmen sie Kurs auf die Insel Socorro, die größte der Revillagigedo-Kette und die einzige mit einer Krankenstation im Umkreis von 800 Kilometern.

Über Funk gab der Skipper vorab die Daten des Patienten durch: Ein 71 Jahre alter Diabetiker mit hohem Blutdruck zog sich eine ernsthafte Verletzung zu. Nach Auskunft aus Socorro war der Arzt zwar gerade beim Fischen, käme bis zur Ankunft der Royal Star zurück. Inzwischen informierte der zweite Skipper, Leroy Shintaku, die Küstenwache der USA. Sie würde ein Flugzeug von San Diego aus losschicken.

Sieben Stunden später traf Wiczai mit bandagiertem und hoch gelagertem Arm auf Socorro ein. Der Arzt versah ihn mit neuem Verbandsmaterial, spritzte ein Antibiotikum und empfahl die Versorgung in einem Krankenhaus.

Wiczai wurde zum Flughafen der Insel gebracht – ein freies Stück Land, auf dem ein mit Pflanzen und Rissen übersäter Streifen als Startbahn diente. Natürlich besaß sie keine Beleuchtung und kein Tower überwachte die ins Blaue hinein eintreffenden und startenden Flüge. Außerdem liefen immer wieder Herden wilder Ziegen über die Piste.

Das Flugzeug der Küstenwache traf in der Dämmerung ein und die beiden ausgestiegenen Mediziner fanden nicht wie erwartet einen zusammengebrochenen, alten Mann, sondern einen kernigen Seebären vor, der nur weiterangeln wollte.

»In meinem ganzen Leben habe ich keinen solchen Zirkus verursacht«, sagte Wiczai. »Ich war zwar verletzt, fühlte mich aber wirklich gut.«

Nach einer raschen Untersuchung brachte ihn das Flugzeug zum San Diego Naval Hospital. Wie sich herausstellte, beschädigte der Fisch einige Nerven und die Wunde entzündete sich. An einer Operation ging also kein Weg vorbei.

Gegen 22 Uhr, 15 Stunden nach dem Angriff, lag Wiczai auf dem OP-Tisch und erholte sich danach fünf Tage im Krankenhaus. Obwohl er seine Hand jetzt nur noch eingeschränkt bewegen konnte, hinderte ihn das nicht am Fischen.

»Ich schulde allen Beteiligten großen Dank«, meinte der Angler. »Ohne sie könnte ich jetzt vielleicht nicht meine nächste Angeltour planen.«

Foto: The San Diego Union und Dennis Huls

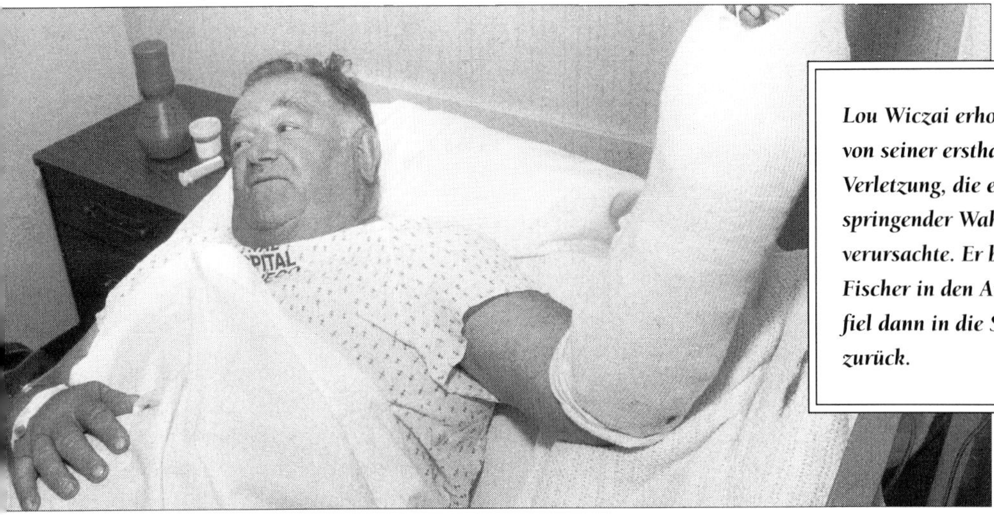

***Lou Wiczai erholt sich von seiner ersthaften Verletzung, die ein springender Wahoo verursachte. Er biß den Fischer in den Arm und fiel dann in die See zurück.***

# Süßwasser-Krokodile

Colin Cordingly gewann bereits dreimal den prestigeträchtigen Wettbewerb »Barramundi Classic« und ist einer der bekanntesten Barramundi-Angler Australiens. Aber mit dem Ruhm wächst gleichzeitig das Risiko einem der berüchtigten australischen Süßwasser-Krokodile zu begegnen.

»Wenn du auf Barramundis angelst, mußt du lernen, mit den Krokos zu leben«, sagte Cordingly.

Eine seiner übelsten Erfahrungen machte er im Finnis River auf der Westseite des Northern Territory an einem Wasserloch namens Sweet´s Lookout.

***»Sweetheart schüttelte die kleine Maschine zwischen ihren Kiefern und brach sie in zwei Hälften.«***

»Das ist ein bekannter Platz für Barramundis«, erklärte Cordingly. »Sweet´s steht dabei für Sweetheart, wie das hier lebende, sechs Meter lange Krokodil genannt wurde. Sweetheart griff nie einen Angler an, nur Motorengeräusche konnte sie nicht leiden.«

Cordingly und seine Freunde angelten von zwei vier Meter langen Aluminium-Booten aus. Als seine Freunde um eine Flußbiegung fuhren, tauchte Sweetheart auf und attackierte den Außenborder. Sie schüttelte die kleine Maschine zwischen ihren Kiefern und brach sie in zwei Hälften. Anschließend begann sie das Boot vom Heck aus in Einzelteile zu zerlegen.

»Einer meiner Freunde nahm ein Ruder und schlug es Sweetheart auf den Schädel«, erinnerte sich Cordingly. »Das machte sie noch wütender und sie riß ihm das Teil aus den Händen. Mein anderer Freund saß am Bug und versuchte das Boot wild paddelnd von dem Tier wegzubringen. Während Sweetheart auf dem Ruder herumkaute, kamen meine Mitangler beinahe im Tiefflug wieder zurück. Einige andere Angler fischten in der Nähe, retteten die beiden und schleppten das beschädigte Boot ab.«

Eine andere beängstigende Begegnung ereignete sich ein paar Jahre zuvor während einer Fahrt auf dem East Alligator River.

»Die Flut stand etwa auf halber Höhe«, sagte Cordingly. »Wir fuhren mit voller Geschwindigkeit einen der kleinen Flüsse hinauf, die in die Outbacks führen. In diesem Fluß hatte die Tide den Wasserstand so weit gesenkt, daß sich die Sandbänke bis zu anderthalb Meter über unsere Köpfe erhoben.«

Cordingly stand am Steuer des kleinen Boots und fühlte plötzlich einen Windstoß über seinen Kopf streichen. Er schaute ans Ufer, und sah Schmutz ins Wasser rutschen. Und kurz darauf hörte er auf der anderen Seite des Boots einen Schlag im Wasser.

»Der Bach war höchstens zwei Meter siebzig breit«, sagte Cordingly. »Deshalb dachte ich zuerst, die Bugwellen des Boots hätten den Schmutz aufgewirbelt. Einer meiner Begleiter saß mir genau gegenüber und als seine Augen beinahe aus den Höhlen traten, wußte ich, daß es etwas anderes geschehen war.«

Während der Flut kletterte ein sechs Meter langes Krokodil offenbar auf die Sandbank und sonnte sich. Dort schlief es wahrscheinlich, bis es von Cordinglys Außenborder geweckt wurde. Genau als das Boot auf Höhe des

Tiers ankam, wollte es sich im Wasser in Sicherheit bringen und verfehlte den Kopf des Anglers bei seinem Sprung quer über das Boot nur um wenige Zentimeter.

»Ich konnte es nicht sehen«, sagte Cordingly. »Aber wäre der Bach nur noch etwas schmäler gewesen, dann hätten wir ein verärgertes, zwei Tonnen schweres Krokodil im Boot gehabt.«

# »Plop« machte das Schlauchboot

Rob Cassady und Bill Hannah zogen das Schlauchboot über den Strand zum Ufer beim mexikanischen El Embarco Dorado. Sie luden ihre Angelausrüstung ein, sprangen ins Boot und fuhren auf die See. Es war im Oktober 1988, genau in der Hochsaison der Angler am East Cape.

Sie suchten die Wahoo-Gebiete etwa anderthalb Kilometer vor der Küste auf und setzten zwei bei Wahoos besonders beliebte, glitzernde Jigs ins Wasser. Cassady saß im Heck, steuerte mit der einen Hand das Boot und hielt die Rute in der anderen. Nach einigen Überquerungen des Fanggrunds erschien ein gewaltiger Schatten hinter Cassadys Jig – und Sekunden später explodierte das Wasser unter den Schwertschlägen eines Blauen Marlins.

***»Als ich den Einschlag spürte, wußte ich nicht, was ich davon halten sollte. Ich blickte auf und sah den wild schlagenden Marlin.«***

»Es war unglaublich«, sagte Cassady. »So nahe an der Küste rechneten wir niemals mit einem Marlin und dachten auch nicht an einen Biß auf einen derart kleinen Köder.«

Der Marlin drehte ab und raste dicht unter der Oberfläche davon. Er zeigte über 20 Sprünge, bevor er er schließlich in die warmen Strömungen der See von Cortez tauchte. Cassady klammerte seine Hände um die Rute. Er hatte keinen Kampfgurt dabei, weshalb das Griffstück schmerzhaft in seinen Leib drückte. Das Schlauchboot war eng, es schlingerte und bot keinen Schutz vor der brennenden Sonne.

Eine Stunde ging vorüber. Der Marlin kam für eine Sekunde an die Oberfläche und ermüdete sichtlich. Cassady kämpfte hart und gewann mit jeder Kurbelumdrehung Schnur zurück. Bald kam das Vorfach in Reichweite der Angler, die in diesem Augenblick den lavendelblauen Schatten unter dem Boot sahen.

»Es war unheimlich«, meinte Cassady. »Der Marlin schien mir direkt in die Augen zu sehen. Ich bekam es zum ersten Mal mit der Angst zu tun und bemerkte, wie verwundbar wir eigentlich waren. Der Fisch hatte uns acht bis zehn Kilometer von der Küste weggezogen und der Wind frischte auf. Gleichzeitig nahm die Dünung zu und jede Welle fühlte sich wirklich groß an.«

Aber die Angst verflog rasch. Der Marlin raste davon und nahm Schnur von der Rolle. Cassady lehnte sich gegen den Zug und drückte seine Augenlider zum Schutz vor der mexikanischen Sonne zu schmalen Schlitzen zusammen. Seine Muskeln schmerzten. Es erschien hoffnungslos, einen Marlin von dem leichten Boot aus zu landen. Dazu addierten sich Probleme mit der Treibstoff-Reserve, dem Wetter und vor allem dem Trinkwasser-Vorrat. Dann wurde die Leine locker.

Cassady verließ der Mut. Er kurbelte wie besessen und hoffte, daß der Fisch noch hing und lediglich seinen Kurs änderte. Plötzlich gischtete die Oberfläche in einer wahren Eruption auseinander. Es war der noch immer gehakte Marlin, der direkt auf das Schlauchboot zuschoß.

»Wir konnten nur seinen Schwanz sehen«, erzählte Cassady. »Er bewegte sich so schnell, daß es wie das Kielwasser eines Motorboots aussah. Jetzt waren wir wirklich in Schwierigkeiten und mußten höllisch aufpassen.«

Der Marlin griff an. Cassady und Hannah duckten sich. Zusammengekauert schützten sie den Kopf mit den Armen und erwarteten einen Sprung über das Boot. Doch der Fisch blieb im Wasser.

»Als ich den Einschlag spürte, wußte ich nicht, was ich davon halten sollte«, meinte Cassady. »Ich blickte auf und sah den wild schlagenden Marlin. Sein Schwert steckte seitlich im Boot und wollte nicht wieder heraus. Wir nahmen viel Wasser über Bord und verloren rasch Luft.«

Hannah faßte den Marlin am Schwert und setzte ein kleines Handgaff in seine Flanke. Der Fisch schüttelte das Boot mit aller Gewalt. Cassady griff zu einem Ruder und schlug es dem Marlin wieder und wieder auf den Kopf, nur um ihr Leben zu retten.

»Ich war voll in Panik«, gestand Cassady. »Wir lagen Kilometer vor der Küste und ich hatte in der Umgebung viele Haie gesehen. Wie ich die Sache sah, ging es um Leben und Tod.«

Der Marlin hörte auf zu schlagen und Cassady legte das Ruder beiseite. Aus dem Loch in der Seite strömte Luft. Hannah steckte zum Abdichten einige Finger hinein. Anschließend zogen sie den Marlin ins Boot und steuerten auf die Küste zu.

Als sie den Strand erreichten, stand das luftgefüllte Heck nur noch wenig über dem Wasser. Schnell versammelte sich eine Gruppe Camper um das Boot. Sie zogen den Fisch zu einem Baum und hängten ihn zum Fotografieren an einen Ast. Es war ein kleiner Blauer Marlin, der etwa 150 Pfund wog.

»Für mich zeigte er sich in diesem Augenblick jedoch als der größte Marlin der Welt«, schmunzelte Cassady.

***Marline betäuben und fangen ihre Futterfische mit ihrem Schwert. Dieser seltene schwertlose Marlin wurde 1987 in der See von Cortez bei Cabo San Lucas in Mexiko gefangen. Irgendwie konnte er überleben, war beim Fang allerdings sehr schlank und mager. Der abgerundete Stumpf und der deformierte Unterkiefer lassen darauf schließen, daß er schon mit dieser Anlage aus dem Ei schlüpfte.***

Foto: Bernabe Carrizosa Reyes

# Unter der Gürtellinie

*Ich traf Kapitän Laurie Woodbridge im Mai 1989 an Bord seines knapp 14 Meter langen Angelboots* Sea Baby II *in Cairns/Australien. Es war außerhalb der Saison und der Hafen zeigte seine friedliche und stille Seite.*

*Wir sprachen über seinen ungeschlagenen Weltrekord von 1347 Pfund (610 kg) – ein Schwarzer Marlin, den der Angler Morton May am 80-Pfund-Gerät fing. Er erzählte mir von dem Jahr, in dem er 15 Fische über 1000 Pfund fing, wovon neun auf die Waage kamen. Im selben Jahr bohrte ein 1267pfündiger Schwarzer Marlin sein Schwert in das Boot und hinterließ ein Loch im unteren Querholz. Als das Boot zu sinken drohte, stopfte ein Helfer einen Besenstiel in das Loch – das Boot blieb über Wasser und der Fisch wurde gelandet.*

*Aber Woodbridges Lieblingsgeschichte erzählt von einem amerikanischen Anfänger im Angeln, dessen erste Begegnung mit einem Schwarzen Marlin fast seine Männlichkeit kostete.*

»Unser Angler war ein Kerl aus Amerika, der noch nie einen großen Fisch fing und nicht wußte, was ihn erwartete. Wir fuhren in vertrauten Gewässern und hielten Ausschau nach seinem ersten Marlin, als der Schnur aus dem Klip schnappte und die gesuchte Fisch hing. Der Angler saß mit dem Harness voll angegurtet im Kampfstuhl und beobachtete die Sprünge des Marlins. Plötzlich wechselte der Fisch den Kurs und schwamm direkt auf das Boot zu.

Er wurde langsamer und blieb unter Wasser. Ich fuhr das Boot vorsichtig zurück, damit der Angler seinen Fisch besser sehen konnte. Er beugte sich nach vorn, nahm den vorderen Bereich des Rutengriffs und begann zu angeln, ähnlich wie jemand mit leichtem Gerät auf Karpfen geht. Niemand konnte das beobachten. Sein Harness rutschte vom Lendenwirbelbereich nach oben und lag schließlich oben über dem Rücken.

Der größte Teil des Vorfachs war außerhalb des Wassers, als der Angler ein paarmal an der Rute zog und so den Fisch zu erschrecken versuchte. (Denken Sie daran, daß das Rutenende noch immer im Gimbal auf dem Stuhl zwischen den Beinen des Anglers steckt und der jetzt hoch auf dem Rücken liegende Harness nach wie vor mit der Rolle verbunden ist. Dadurch liegt der Körper des Anglers über der Rute.) Der Fisch flüchtete tatsächlich und raste auf den Horizont zu. Die Bremskraft der Rolle war auf 45 Pfund eingestellt, die Leine spannte sich, aber der Angler war nicht darauf gefaßt.

Alles ging sehr schnell. Die Rute machte einen Satz nach vorn, schlug auf die Reling und der Fischer, der noch immer den vorderen Bereich des Griffs umklammerte, folgte. Ein lauter Schrei war zu hören, als seine Füße von der Fußauflage des Stuhls abhoben.

In der einen Sekunde lehnte er sich nur vor und lag in der nächsten parallel zum Deck auf der Rute, mit der Rolle zwischen den Beinen. Er ruderte mit den Händen in der Luft und versuchte das Gleichgewicht wiederzufinden.

Der Fisch riß die Schnur mit hoher Geschwindigkeit von der Spule. Der Angler trug wegen der großen Hitze an diesem Tag nur seine Unterhosen und lag hilflos auf der sausenden Rolle. Die Leine brannte sich rasch durch den dünnen Stoff und wir hörten einen weiteren markerschütternden Schrei.

Ein Besatzungsmitglied versuchte die Bremse zu öffnen, aber der Amerikaner verdeckte sie vollständig mit seinem Körper. Zum Glück beendete der Fisch seine Flucht und der Angler wurde auf den Stuhl zurückgeschoben. Es folgte eine genaue Überprüfung seiner Anatomie. Abgesehen von ein paar schmerzhaften Spuren der Schnur entstand jedoch kein schwerwiegender Schaden.

Wir setzten den Kampf schließlich fort und konnten später den 800pfündigen Marlin markieren und wieder in die Freiheit entlassen – ein Fang, den der Angler wohl nie vergißt.«

# Der Angriff des Bluefishs

»Sei vorsichtig!«, rief Dean Toneys Mutter, als sie ihren Sohn ins Meer am Haulover-Strand in Florida laufen sah.

Der Zehnjährige rannte weiter, platschte in das seichte Wasser und grub seine Zehen in den Sand. Am Ufer spielten weitere Kinder und weiter draußen hielten Surfer auf ihren Brettern Ausschau nach der nächsten ordentlichen Welle.

Toney ertastete mit seinen Zehen einen Stein und wollte ihn gerade aufheben. Aber plötzlich streifte etwas sein Bein. Er sprang auf und sah einen Schwarm Meeräschen hin und her schießen.

»Ein tolles Erlebnis«, erinnerte sich Toney, heute ein erwachsener Mann. »Die Meeräschen waren überall. Ich nahm mein T-Shirt als Netz, schaufelte damit Fische aus dem Wasser und warf sie auf den Strand.«

Toneys Mutter bemerkte den Schwarm ebenfalls. Besorgt rannte sie zur nächsten Rettungsschwimmer-Station.

Toney fing noch immer Meeräschen, als sich ein Schwarm anderer Fische näherte. Sie waren größer und schneller als die Meeräschen und Toney wollte sie genauso fangen.

»Ich griff ins Wasser und versuchte einen mit der Hand greifen«, sagte Toney. »Und sofort biß ein Tier in einen Finger. Der Fisch hielt ihn vollständig im Maul. Ich zog die Hand weg, aber der Fisch hielt fest. Er war irgendwo zwischen 60 und 90 Zentimeter lang und flog schließlich von meinem Finger weg auf den Strand zu. Ich schaute meine Hand an und sah Blut. Und mein Finger hing nur noch an einem Faden.«

**Wußten Sie schon?**

***Je weiter die Schwanzflosse eines Fischs eingekerbt ist, desto geringer ist der Wasserwiderstand. Je geringer der Wasserwiderstand, um so schneller kann das Tier schwimmen. Das erklärt den sichelförmigen Schwanz der schnellsten Schwimmer unter den Fischen.***

Panik ergriff den Strand, als die angesichts der leicht zu erbeutenden Meeräschen rasend gewordenen Bluefishs alles auf ihrem Weg angriffen. Verängstigte Kinder rannten zum Ufer, während die Räuber wie Piranhas nach ihren Beinen schnappten. Die Tiere gingen sogar auf die Surfer los.

»Da waren einige Damen am Strand, die sofort zu mir rannten und meine Hand in ein Tuch wickelten«, erzählte Toney. »Dann brachte mich ein Rettungsschwimmer zu seiner Station. Dort wurde ich auf eine Trage gelegt und wartete wie ein weiteres Kind auf den Krankenwagen.«

Die Sanitäter fuhren Toney zum Parkway General Hospital, wo die Ärzte seinen Finger wieder annähten. Er verbrachte eine Woche in der Klinik und durfte nach einer Reihe von Operationen nach Hause. Obwohl der Finger ganz abgerissen war, heilte er vollständig.

An diesem Morgen am Haulover Beach attackierten die Raubfische besonders die jungen Badegäste. Ein 14jähriger mußte mit über 50 Stichen am Bein genäht werden und die Wunden eines 13 Jahre alten Jungen benötigten 20 Stiche.

Der Tag bleibt wohl allen in unangenehmer Erinnerung.

# Den Schrauben knapp entkommen

Im Jahre 1976 steuerte der bekannte Big-Game-Angler Bobby Brown das 12,5-Meter-Merritt-Boot *No Problem* aus dem Hafen von Kona/Hawaii. Die See war rauh, die Wellen schon über einen Meter hoch und wuchsen weiter. Der Angler an Bord kämpfte mittlerweile schon über eine Stunde mit einem weltrekordverdächtigen Marlin am 20-Pfund-Gerät und ein Helfer konnte zum ersten Mal das Vorfach erreichen.

Brown fuhr rückwärts auf den Fisch zu und der Mann wickelte das Stahlvorfach einmal um die Hand. Aber noch vor der zweiten Schlaufe traf eine große Welle das Boot, hob es an und straffte das gespannte Vorfach noch weiter.

Der Marlin fühlte den plötzlichen Zug, flüchtete mit kräftigen Schwanzschlägen und riß den Helfer über das Bootsheck in den Ozean.

»Es ging alles sehr schnell«, sagte Brown. »Er hatte keine Chance.«

Als der Mann in das von den Schrauben aufgewirbelte Wasser stürzte, liefen beide Maschinen mit voller Kraft rückwärts. Brown schob die Gashebel sofort bis zum Anschlag nach vorn und das Boot stürmte nach kurzem Stillstand vorwärts.

»Er konnte den Schrauben nicht entkommen«, meinte Brown. »Der Sog der rückwärts drehenden Propeller mußte ihn direkt in die Blätter ziehen. Ich wartete nur auf die blutige Bestätigung im Kielwasser.«

**»Als der spitze Stift die Haut verletzte, erschrak der Marlin, sprang aus dem Wasser und krachte ins Boot.«**

Aber es gab nichts zu sehen. Statt dessen tauchte der erschrockene Helfer etwa zehn Meter vor dem Boot auf. Irgendwie hatten ihn die Schrauben verfehlt. Der Druck des raschen Richtungswechsels der Schrauben preßte ihn offenbar nach unten, weg von den wirbelnden Blättern.

»Zuerst sah ich die blaue Bootsfarbe überall an seinem Körper«, erinnerte sich Brown. »Er rutschte wahrscheinlich unter den Schrauben durch und streifte am Boden entlang.«

Brown half dem schockierten, blauen Mann an Bord. Er war fürchterlich durchgeschüttelt, aber gesund. Außerdem hing der Fisch noch immer am Haken, allerdings riß nach weiteren anderthalb Stunden die Leine.

»Wir verloren zwar einen Fisch, aber unser Bootsmann überlebte und das war wichtiger«, meinte Brown.

Ein Jahr darauf fischte er wieder von der *No Problem* aus. Diesmal wollten zwei Helfer einen 200 Pfund schweren Schwarzen Marlin markieren. Einer hielt das Stahlvorfach, während der andere mit der Markierungsstange auf den Fisch zuging. Als der spitze Stift die Haut verletzte, erschrak der Marlin, sprang aus dem Wasser und krachte ins Boot.

»Von der Brücke aus konnte ich nur sehen, wie der Schwanz aus der Kajüte ragte«, erzählte Brown.

Der Marlin lag über der Eiskiste, der Schwanz auf dem Steuerpult und sein Kopf ruhte auf einer Koje in der Kajüte. Ein Helfer lag für einen Augenblick unter dem Marlin und der andere, der noch immer das Vorfach hielt, war in eine Ecke geschleudert worden.

Bevor der Fisch die Einrichtung des Boots zerlegen konnte, standen beide Männer wieder auf den Beinen und warfen den Marlin wieder über Bord.

Allerdings hielt der eine noch immer das Vorfach und flog mit ins Wasser – schon wieder. Denn es war derselbe Mann, der vor einem Jahr die Schrauben überlebte.

»Diesmal standen die Propeller jedoch still«, atmete Brown auf.

# Ein seltsamer Fisch und die Sache mit der Verkehrsampel

Kapitän Ed Murray, ein gigantischer Thunfischangler von außergewöhnlicher Klasse, erlebte in seinen Jahren am Steuer von Angelbooten eine Menge seltsamer Geschichten. Einige erlebte er selbst, andere verfolgte er über Funk.

»Vor einigen Jahren hörten wir während der Thunfisch-Saison über Funk von einem gehakten Fisch«, erzählte Murray. »Die Meldung stammte von einer Gruppe immer gut aufgelegter Angler, der netteste Haufen, den man sich vorstellen kann. Allerdings hatten sie trotz jahrelangem Fischen noch keinen Thun gefangen. Sie schienen ständig in irgendwelche Schwierigkeiten zu geraten – entweder löste sich der Haken, ihre Schnüre verwickelten sich oder ähnliches.«

Murrays eigensinnige Angler fischten im dichten Nebel vor Montauk im US-Bundesstaat New York und plötzlich kreischte eine Rolle unter einem heftigen Biß auf. Einer der Fischer nahm die Rute aus dem Halter, setzte den Anhieb und begann mit dem Drill.

»Es herrschte ein Sicht von weniger als 30 Meter«, so Murray. »Deshalb riefen wir zurück, damit wir ihre Position feststellen konnten.«

Murrays Boot besaß ein Radarsystem, das Richtung und Entfernung aller ankommenden

Funksprüche registrierte. Als die Thunfischangler ihre Position angaben, zeigte das Radar, daß sie tatsächlich weit vom vermuteten Standort entfernt waren. Murray war sich sicher, daß sie bei ihrem Talent leicht verloren gehen konnten. Deshalb gab er ihnen die richtige Position durch.

»Sie meinten, sie wären 24 Kilometer südöstlich von Montauk«, sagte Murray. »Aber meine Instrumente zeigten sie 19 Kilometer im Nordosten an. Sie hatten sich tatsächlich verirrt, sorgten sich aber nicht weiter. Schließlich hatten sie gerade ihren großen Thunfisch gehakt.«

Murray beobachtete die Lage des Boots auf dem Bildschirm und angelte weiter. Stunden später löste sich der Nebel auf und die Fischer erzählten von ihrem Fang.

»Nach vierstündigem Kampf wechselte der Tidenhub gerade und die Jungs merkten, daß sie keinen Thunfisch drillten – sie hatten im Nebel einen schwimmenden Hummerkäfig gefangen.«

Murray erinnerte sich an eine weitere ungewöhnliche Begebenheit, die sich um eine andere Gruppe drehte. Sie war ebenfalls für ihre ständigen Pannen bekannt.

## Wußten Sie schon?

***Der am längsten in Freiheit schwimmende, markierte Hai wurde erst nach 25 Jahren vor Florida wiedergefangen. Der weibliche Sandbankhai erhielt seine Marke 1965 bei Virginia. Die Art ist für ihr langsames Wachstum bekannt und auch der gefangene Fisch legte pro Jahr durchschnittlich nur 2,5 Zentimeter zu.***

Die Angler kehrten spät am Abend von den Fischgründen bei Montauk zurück. Sie waren müde und noch weit von zu Hause entfernt, als sie Freeport auf Long Island erreichten. Sie fuhren auf die Küste zu, wo sie die Nacht im Hafen verbringen und am nächsten Morgen weiterfahren wollten.

»Sie näherten sich ihrem Ziel und der Chef-Navigator entdeckte das erste grüne Licht, das eine Seite der Hafeneinfahrt markierte. Gleich darauf war auch das rote Licht auf der anderen Seite zu sehen, dann wieder ein grünes und noch ein rotes und so fort.«

Der Navigator schaute sorgfältig auf die farbigen Markierungen und steuerte das Boot auf die Mitte des Kanals zu. Die übermüdete Gruppe freute sich schon auf die ruhige Nacht im Hafen, als das Boot auf einmal ins Schlingern kam und knirschend stehenblieb. Die verwirrte Mannschaft schaute in die Dunkelheit und sah Brandungsangler an einem Ufer stehen – die roten und grünen Lichter gehörten zu Verkehrsampeln an einer parallel zur Küste angelegten Straße.

# Mitten ins Schwarze

Das kleine mexikanische Boot bewegte sich langsam voran und der Kapitän hielt voll konzentriert Ausschau nach Fischen. Joan Aubin und ihr Verlobter, Greg Lyznicki, saßen auf der mittleren Ruderbank und warteten auf einen Biß. Im Dezember 1988 wimmelte es am East Cape von großen Fischen.

Plötzlich blitzte ein silbernes Etwas auf einer Seite des Boots auf. Aubin sah das Glitzern und wollte gerade genauer hinsehen, als ein silberner Wahoo im Sprung an ihren Kopf prallte und sie bewußtlos schlug.

»Ich erinnere mich dann erst wieder daran, wie mich Greg vom Boden hob und es in meinem Kopf hämmerte«, sagte Aubin.

Außerdem blutete sie am Kopf. Die Schnüre wurden eingeholt und der Kapitän fuhr an die Küste zurück.

»Joan war ziemlich durchgeschüttelt«, meinte Lyznicki. »Der Wahoo sprang mit voller Geschwindigkeit aus der See und boxte sie glatt von der Ruderbank. Dabei glitt er an ihrem Kopf ab und fiel ins Wasser zurück.«

Am Ufer schaute Aubin die Schnitte und Schürfwunden an. Sie ging ins Hotel zurück und bekam langsam wieder einen klaren Kopf.

Nach einer erholsamen Nacht stiegen sie in ein größeres Boot und landeten ihren ersten Wahoo. Es war fast ein Rekordfisch, der diesmal jedoch auf die übliche Weise an Rute und Rolle gefangen wurde.

Foto: Greg Lyznicki

*Joan Aubin (rechts) präsentiert mit Dave Lyznicki und seiner Frau Noreen ihren ersten Wahoo, einen 92pfünder (42 kg). Am Tag zuvor sprang ein kleinerer Wahoo über das Boot, traf sie am Kopf und schlug die Fischerin bewußtlos.*

# Der Aufstieg kam vor dem Fall

George Williams und Tommy Thompson, beide Mitglieder des kalifornischen Thuna Club, fischten eines Sommers vor Dana Point, als ein Marlin einen unerwarteten Drill lieferte.

»Tommy hakte den Fisch noch in der Minute, in der er den Köderfisch aussetzte«, sagte Williams. »Aber der Marlin sprang nur einmal und schwamm dann direkt auf das Boot zu. Ich fuhr vorwärts, während ihn Tommy härter drillen sollte.«

Aber der Marlin wollte nicht kämpfen. Er schwamm eine Kurve und kam weiter auf das Boot zu. Williams traute der Sache nicht ganz und fuhr einige hundert Meter vom Fisch weg.

»Der Marlin mochte uns offenbar«, so William weiter. »Denn er drehte sich erneut und schwamm dem Boot hinterher. Tommy ärgerte sich etwas über mein Manöver und meinte, daß er das Gerät über Bord wirft, wenn ich noch einmal so eine Gelegenheit zum Gaffen auslasse. Ich hatte ein schlechtes Gewissen und holte den Landungshaken.

Sobald ich das Vorfach berührte, sprang der Fisch jedoch senkrecht aus dem Wasser und streifte dabei eine Seite des Boots. Er sah wie eine aus dem Ozean aufsteigende Rakete aus. Ich schrie ›Runter!‹ zu Tommy und duckte mich.«

Aber Thompson blieb stehen und packte den Marlin im Sprung am Schwert. Der Schwung und die Geschwindigkeit des Fischs hoben ihn vom Deck in die Luft.

»Ich konnte schon viele Marline hoch springen sehen, aber keinen mit einem Zwei-Zentner-Mann am Schwert«, lachte Williams. »Sie waren fast zwei Meter über dem Deck, bevor sie zusammen ins Boot krachten.«

Thompsons Schulter war ausgerenkt und unbeweglich. Der Marlin war jetzt im Boot gefangen und schlug auf dem Deck um sich. Williams rannte zu Thompson, hob ihn am Hemd auf und zerrte ihn zur Brücke hoch.

»Wir warteten darauf, daß sich der Fisch beruhigt«, sagte Williams. »Nachdem wir ihn versorgt hatten, fuhren wir in den Hafen zurück und suchten einen Arzt auf.

Das war sicher nicht der einfachste Weg, einen Marlin zu fangen. Er bleibt aber ganz bestimmt unvergeßlich.«

**Wußten Sie schon?**

***Der größte Süßwasserfisch der Welt ist ein chinesischer Wels. Er ähnelt dem amerikanischen Katzenwels, erreicht bei einer Länge von fast sieben Metern jedoch Gewichte über 1400 Pfund.***

# Futterneid

*Stell dir vor, es ist deine erste Big-Game-Ausfahrt. Du hast deinen ersten Marlin gehakt, ein dickes Exemplar, und es herrscht atemberaubende Aufregung. Ein Adrenalinschub jagt den nächsten, das Herz rast und jeder an Bord feuert dich lautstark an.*

*Du hängst dich in den Kampf. Du hoffst, daß alles hält: die Rute, die Rolle und die Schnur – aber was ist mit den Walen?*

Es geschah an einem warmen Tag im Januar 1983. Joe Nangle charterte zusammen mit seinem Vater Paul das Angelboot *E-Ka-Mo-Na*, das im hawaiianischen Hafen Honokohau in der Nähe von Kona lag.

Der Skipper, John Llanes, begrüßte sie an Bord und eine Stunde später fischten sie in bekanntem Gewässer. Die Oberfläche war spiegelglatt, aber auf einmal tauchte nur 50 Meter entfernt eine Gruppe Wale auf. Sie waren auf Futterjagd und Llanes wollte das Boot deshalb eigentlich wenden und sicherheitshalber wegfahren.

Plötzlich schallte jedoch sein Ruf »Marlin!« von der Brücke.

Die Rute wippte und die Motoren röhrten. Nangle hechtete in den Kampfstuhl und setzte den Anhieb in seinen ersten Marlin – ein großer Fisch. Der massige Körper durchbrach das Wasser und erhob sich in die Luft. Der Fisch schüttelte und drehte sich, um gleich darauf lautstark in sein Element zurückzuklatschen. Es folgte ein Sprung auf den nächsten und jede neue Landung ließ das Meer schäumen. Kapitän und Besatzung waren begeistert: Sie schätzten das Gewicht auf über 700 Pfund. Die Wale lungerten inzwischen in der Nähe herum.

In der folgenden Stunde pumpte Nangle den Fisch langsam

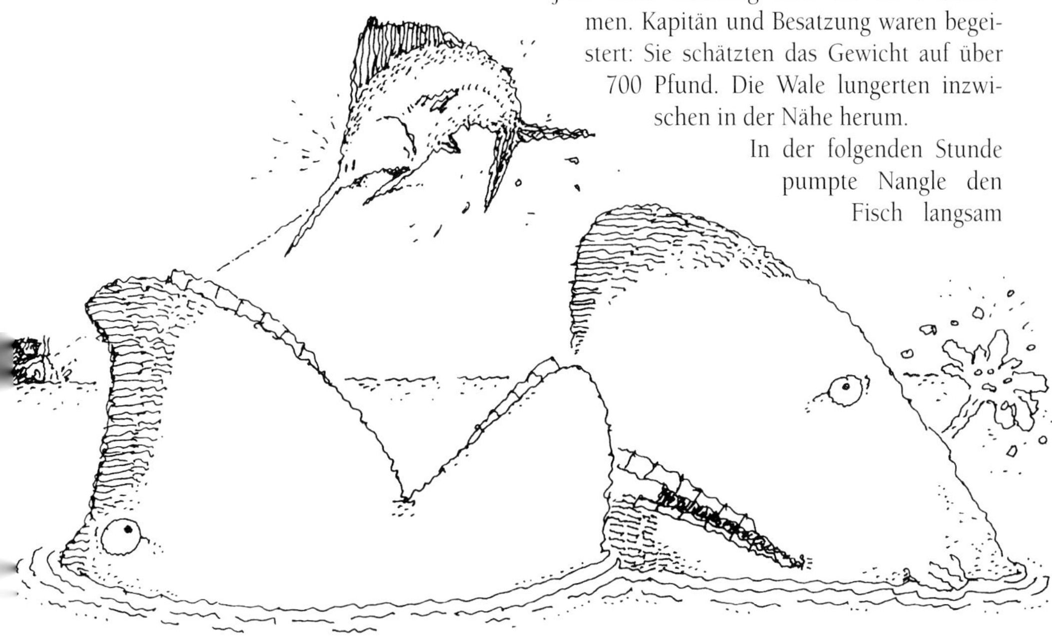

heran, er wollte ihn unbedingt landen. Die Wale rührten sich nur wenig und schienen sich nicht weiter für den Kampf zu interessieren. Ohne Warnung verschwanden sie plötzlich.

Der abgekämpfte Marlin unternahm eine verzweifelte Flucht auf den Meeresgrund zu. Die Schnur rauschte mit atemberaubender Geschwindigkeit von der kreischenden Spule, die bald zu heiß zum Anfassen war. Nangle mußte hilflos zusehen, wie die mühsam gewonnene Leine wieder ins blaue Wasser tauchte. Dann war es vorbei. Der Wasserdruck führte zum Platzen der Schwimmblase und der Fisch starb in der Tiefe.

Nangle atmete erleichtert auf, als er noch immer das Gewicht an der Schnur spürte. Das Pumpen begann erneut. Nach 20 Minuten zeichneten sich im Wasser die Umrisse des Marlins ab – genau wie die der Wale. Nur waren sie diesmal näher.

Nangle kurbelte und wuchtete mit aller Kraft bis der Wirbel aus dem Wasser kam. Der Bootsmann griff zum Vorfach und wickelte es sich um die Hand. Kurz darauf hatte er den Fisch in Reichweite des Gaffs gebracht, als plötzlich ein gewaltiger männlicher Wal unter dem Boot auftauchte. Er grub seine Zähne in das tote Tier, drehte sich und raste davon.

Die Spule drehte sich unkontrollierbar und Nangle öffnete den Harness. Aber der Wal kam wieder an die Oberfläche und hielt an. Er schüttelte den großen Marlin in der Luft wie eine Sardine. Andere Walen gesellten sich dazu und innerhalb Sekunden bestand Nangles Fang nur noch aus Blut und Schaum.

Schüsse zerrissen die Luft. Denn der Kapitän fürchtete um die Sicherheit des Boots und versuchte die Wale mit Warnschüssen zu verscheuchen. Obwohl die Taktik verboten war, zeigte sie Wirkung und die Tiere tauchten. Schnell holte Nangle den Rest des Marlins ein. Es hing nur noch der rund 180 Pfund schwere Kopf samt dem Magen am Eisen. Das ganze wurde an Bord gezogen und Llanes fuhr mit mittlerer Geschwindigkeit davon.

Aber ähnlich wie hungrige Wölfe nahmen die Wale die Verfolgung auf. Llames wollte nicht direkt auf die Tiere schießen und ließ statt dessen den Kopf des Fischs über Bord werfen und gab dann Vollgas. Das Boot schoß vorwärts und die Wale verschwanden, als die traurigen Überreste von Nangles erstem Marlin untergingen.

Es ging mit voller Geschindigkeit weiter bis zur Küste – für heute reichte es mit dem Angeln.

**Wußten Sie schon?**

***Ein weißer Hai, der 1976 bei Los Angeles harpuniert wurde, hatte zwei Seehunde im Magen. Der eine wog 79, der andere 57 Kilogramm.***

# Glück im Unglück

»Mayday! Mayday! Wir sinken!«, rief Mele Akaka ins Funkgerät und blickte zum Ufer. Vulkanasche vom Mauna Loa erschwerte ihr das Atmen und ließ die felsige Küste nur noch verschwommen erkennen. »Wir sind acht Kilometer vom Flughafen entfernt, acht Kilometer von den Bäumen auf dem Hügel, acht Kilometer von ...«

Ein große Welle klatschte in die Seite des Sechs-Meter-Boots und hob Akakas Fang an – ein 391pfündiger Blauer Marlin und 100 Pfund einer anderen Art namens *aku*. Die Fischerin fiel aufs Deck, während anderthalb Meter hohe Wellen über das Querholz schlugen. Der Kapitän, der die Bezintanks wechselte, konnte den Schlauch nicht richtig anschließen.

Akaka kam wieder auf die Beine und starrte zurück auf die Küste. Angst ergriff ihren Körper. »Das Boot war manövrierunfähig und durch das Gewicht der Fische bekamen wir Schlagseite. Ich fühlte, wie wir rückwärts drifteten, blickte auf und sah einen gewaltigen Blauen Marlin an der Oberfläche. Er hielt einen unserer Jigs im Maul, spielte jedoch nur damit. Die Rolle ließ keinen Ton hören.«

Die Rückwärtsbewegung des antriebslosen Boots hielt an, was mit den hohen Wellen eine gefährliche Kombination ergab. Bevor Akaka oder der Kapitän die Schnur kappen konnten, wechselte der verspielte Marlin seinen Kurs und zog das Boot seitlich in die Dünung. Sekunden später schlug das kleine Fahrzeug um.

Kapitän Chuck Harlin und sein Sohn Kapitän Mike Harlin fischten mit einer Gruppe von Anglern einige Meilen entfernt an Bord des zwölf Meter langen Boots *Kealia*. Die Gäste konnte man durchaus zur Prominenz zählen: Der Kongreßabgeordnete Joseph Kennedy III aus Massachusetts, der Kongreßabgeordnete Bart Gordon aus Tennessee sowie die beiden früheren Footballspieler John Wilber von den Washington Redskins und Scott Collins von den Houston Oilers. Außerdem waren Kennedys Söhne Little Joe und Matthew an Bord.

Besonders viel ging noch nicht an diesem Morgen, als sie Akakas Notruf erreichte.

»Sie war verständlicherweise in Panik und konnte keine präzise Position durchgeben«, sagte Chuck Harlin. Sie nannte drei oder vier verschiedene Richtungen. Die Chancen standen für eine erfolgreiche Suche ziemlich ungünstig. Wir befanden uns in der Nähe einer der angegebenen Positionen und obwohl nichts zu sehen war, fuhr ich eine Kurve und dann geradeaus.«

**›› *Als sich die Kealia 45 Minuten nach dem Hilferuf weiter näherte, entpuppte sich das Treibgut als nach oben gedrehter Bootskiel.* ‹‹**

Nach einiger Zeit entdeckte Hardin senior einen kleinen weißen Punkt am Horizont. Er schätzte, daß es nur Treibgut wäre, hielt aber trotzdem darauf zu. Auf dem Weg war zu beobachten, wie ein Fisch beim Treibgut aus dem Wasser sprang und ins Meer zurückfiel.

Als sich die *Kealia* 45 Minuten nach dem Hilferuf weiter näherte, entpuppte sich das Treibgut als nach oben gedrehter Bootskiel. Zwei Leute klammerten sich verzweifelt an den umgedrehten Außenborder.

Mike Harlin, Kennedy und Collins hechteten zur Rettung der beiden ins Wasser. Sie brachten Akaka zur *Kealia* und untersuchten dann das kieloben treibende Boot nach Schäden. Kennedy setzte eine Tauchermaske auf und tauchte unter das Boot um wenigstens etwas von der Ausrüstung zu bergen. Es erwarteten ihn 500 Pfund toter Fisch.

»Er wäre fast aus dem Wasser gesprungen, als er den Marlin unter dem Boot entdeckte«, sagte Akaka. »Es war der größte Fisch, den er jemals sah und machte sich jetzt Sorgen wegen den Haien.«

Kennedy beruhigte sich selbst und tauchte erneut. Eine einsame Rute, die an einer Sicherheitsleine hing, zeigte vom Heck in die Tiefe. Die lose Angelschnur verschwand im blauen Wasser. Kennedy klinkte das Sicherungsseil aus und brachte die Rute zur *Kealia*, wo Wilbur wartete.

Er holte die lockere Schnur ein, die sich plötzlich spannte und die Oberfläche in einem immer flacheren Winkel durchschnitt. Einige Augenblicke später sprang ein Blauer Marlin aus dem Wasser und schüttelte trotzig seinen Kopf. Es war derselbe Fisch, der das Boot vor einer Stunde zum Kentern brachte – und er hing noch immer am Haken!

Akaka nahm die Rute und versuchte tapfer den Fisch zu landen. Aber er tauchte steil nach unten und starb schließlich in der Tiefe. Wilber versuchte jetzt das Tier hochzuziehen, schaffte es aber nicht. Schließlich kam Mike Hardin vom gekenterten Boot zurück, nahm die Schnur in die Hände und brachte den Fisch auf diese Weise ans Boot.

Inzwischen war die *Notorious*, ein weiteres Boot, eingetroffen. Seine Besatzung half beim Umdrehen des gekenterten Boots. Sie befestigten ein Seil am Bug und schleppten das havarierte Fahrzeug in den Hafen. Akaka blieb an Bord der *Kealia* und fuhr mit ihrem Fang und den Rettern zurück.

# Der Katzen-Fisch

Herchel Saxton und Norman Hollingsworth fischten seit ihrer Kindheit zusammen, meistens auf Schwarzbarsche in den vielen Bächen und Seen des US-Bundesstaats Georgia.

Sie wuchsen heran und traten in den Barschangler-Club der Kleinstadt Calhoun ein. Der Verein veranstaltete viele Angelwettbewerbe, an denen sich Saxton und Hollingsworth ausnahmslos beteiligten.

»Wir fischten bei einem Turnier im Lanier-See«, sagte Saxton. »Dabei fuhren wir mit dem Boot in eine der vielen kleinen Buchten und angelten mit Würmern entlang des Ufers auf Barsche. Inzwischen war es Mitternacht.«

Die beiden Angler wollten einen der großen Barsche haken, die nach Einbruch der Dunkelheit das flache Wasser aufsuchten. Hollingsworth tunkte seine Würmer vor dem Anködern vorsichtig in Sardinenöl. Auf die Idee mit der Geruchsverfeinerung kam er schon einige Jahre zuvor, als er es eines Nachts mit Sardinen auf schlecht beißende Schwarzbarsche ging und damit bald einige Fische überlistete.

»Norm warf aus, aber sein Köder fiel nicht ins Wasser«, erzählte Saxton. »Ich machte ihn darauf aufmersam, daß der Wurm wohl auf dem Ufer liegt. Aber er schüttelte den Kopf und war sich sicher, daß sein Köder ins Wasser tauchte.«

Saxton blieb bei seiner Meinung, was Hollingsworth jedoch ignorierte. Saxton wollte

gerade erklären, daß er keinen Aufschlag im Wasser bemerkte, als sein Angelfreund plötzlich einen Ruck an der Schnur fühlte.

»Ich sah, wie ein schwarzes Etwas auf dem Ufer den Wurm nahm«, erinnerte sich Saxton. »Norm dachte jedoch an einen Fisch. Ich sagte ihm, daß es wahrscheinlich ein Waschbär wäre – aber er wollte nicht hören.«

Als Hollingsworth den Anhieb setzte, schwamm der »Fisch« nicht wie gewöhnlich aufs Boot zu in tieferes Wasser, sondern raste von den Anglern weg über das Ufer. Hollingsworth dachte an einen kapitalen Barsch und lehnte sich mit der Rute zurück. Der »Fisch« drehte um und fiel mit lautem Platschen vom Ufer ins Wasser.

»Spätestens jetzt wußte Norm, daß ich recht hatte«, grinste Saxton. »Es hing zwar kein Fisch am Haken, aber mein Freund war trotzdem aufgeregt. Schließlich wollte er wissen, was sich für den Wurm interessierte.«

**Wußten Sie schon?**

***Der Schildzahnhai schluckt Luft, mit der er seine Schwimmtiefe reguliert. Nach dem Fang läßt er sie wieder heraus.***

Hollingsworth kurbelte die unbekannte Kreatur den halben Weg bis zum Boot, sie schwamm jedoch zum Ufer zurück und rannte auf den Wald zu. Wieder konnte der Angler sie ins Wasser zurückziehen, worauf die nächste Flucht in Richtung Wald folgte. Zehn Minuten nach dem Biß kam das völlig ermüdete Wesen in die Reichweite von Saxtons Taschenlampe.

»Das war bestimmt eine Katze«, meinte Saxton. »Sie besaß große, gelbe Augen und war fuchsteufelswild – bestimmt ein wildlebendes Tier. Norm meinte, daß ich sie ins Boot holen soll. Damit war ich absolut nicht einverstanden und schnitt die Schnur durch. Mit den Krallen und Zähnen einer verärgerten Katze wollte ich mich nicht anlegen.«

Sekunden später erreichte das Tier das Ufer und verschwand im Wald.

»Ich fischte schon 35 Jahre lang, aber das war mit Sicherheit das verrückteste Erlebnis«, sagte Saxton überzeugt.

# Legenden, Mythen und Rekorde

# Die größte Steelhead-Forelle der Welt

Im Sommer 1970 fischte der achtjährige David White mit seiner Familie vor Bell Island in Alaska.

»Es war gegen 18 Uhr und wir angelten von unserem Schlauchboot aus in der Nähe des Ufers«, erinnerte sich White. »Ich fischte sehr tief und hoffte auf einen großen Heilbutt. Aber der Köder lag zu dicht über dem Grund und blieb ständig am Boden hängen.«

Sein Vater ermahnte ihn, nicht wieder einen Hänger zu provozieren, da die übrigen Angler jedesmal ihre Schnüre einholen und auf das Lösen des Hängers oder den Schnurbruch warten mußten.

»Mein Vater löste bereits drei oder vier Hänger«, sagte White. »Und er sagte mir, wenn es noch einmal passiert, würde ich eine fangen. Ich bekam ziemlich Angst, blieb jedoch trotzdem beim Angeln kurz über Grund.«

Das Boot trieb langsam vorwärts, als sich Whites Rute wieder bog. »Ich hatte die Knarre ausgeschaltet und ließ Schnur von der Spule laufen. Ich dachte, daß mein Vater auf diese Weise nichts bemerkt. Aber er sah es und sein Gesicht lief rot an. Ich sagte ihm, es wäre kein Hänger. Aber die Schnur stand still und fühlte sich an, als ob ein Stück Blei dran hängt.«

Plötzlich durchschnitt die Leine quer die Oberfläche. Seine Mutter und die beiden Brüder holten schnell ihre Schnüre ein, während sein Vater den Motor abstellte. Jeder blickte besorgt auf, als der Fisch etwa 100 Meter entfernt an die Oberfläche kam und drei- oder viermal sprang.

*Foto: David White*

***Der achtjährige David White mit der größten Steelhead, die jemals an Rute und Rolle gefangen wurde. Er stellte den All-Tackle-Weltrekord 1970 auf, der bis heute besteht.***

»Wir hielten ihn aus der großen Distanz gesehen zunächst für nicht sonderlich groß. Er kämpfte wie einer der kleineren Lachse, die wir bereits fingen.«

Whites Vater war bereit dem Fisch notfalls nachzufahren. Aber das Tier blieb in der Nähe und der junge Angler gewann langsam Schnur. Aber der Fisch war stärker als die bisher gefangenen und auf einige Kurbelumdrehungen folgte schnell eine neue Flucht.

»Nach einiger Zeit hatte ich ihn näher am Boot. Er sprang und wir konnten die tatsächliche Größe sehen. Jetzt waren wir richtig aufgeregt«, meinte White.

Der Fisch sammelte neue Kräfte. Er kam an die Oberfläche und schwamm langsam im Kreis, zwischendurch kam es immer wieder zu heftigen Fluchten. Etwa nach der halben Drillzeit hing die Schnur auf einmal durch. White kurbelte wie wild.

»Ich dachte, daß er jetzt weg ist«, erklärte White. »Nachdem ich jedoch einige Zeit Schnur eingeholt hatte, entdeckte ich den Schatten im Wasser. Der große Fisch wirkte wie ein auftauchendes U-Boot und war nur etwa drei Meter vom Boot entfernt. Sein Rücken glänzte fast schwarz und als er davonschwamm, folgte meine Leine dem noch immer gehakten Tier. Ich konnte nicht glauben, wie groß er war – der größte Fisch, den ich je gehakt hatte.«

White setzte den Drill mit neuem Vertrauen fort. Der Fisch ermüdete und nahm bei jeder Flucht weniger Schnur. Dann kreiste er in der Nähe des Boots, wobei die Runden immer kleiner wurden. Whites Vater griff zum Kescher und wartete. Er wollte den Fisch nicht durch einen zu frühen Landungsversuch verlieren. Andererseits sorgte er sich um die Kräfte seines Sohns, die ihn immer weiter verließen.

Der Fisch schwamm langsam einen weiteren Kreis und White forderte seinen Vater auf, das Tier zu keschern. Er konnte die Rute nicht länger halten.

»Mein Vater legte das Netz ins Wasser und ich führte meinen Fisch darüber. Später stellten wir fest, daß er den Kescher nicht sehen konnte. Sein Gesicht war von Narben gezeichnet und er besaß nur noch ein Auge. Vielleicht konnten wir ihn deshalb so früh landen.«

Whites Vater zog den Fisch schnell ins Boot. Der Fisch schlug heftig, bis ihn White und seine Brüder mit den Beinen halten konnten.

Es war der schönste Fisch, den sie jemals sahen. Er zeigte mehr Farben, als jeder der bisher gefangenen Lachse und besaß eine gewaltige Größe.

Gegen 22 Uhr legte die Familie im Hafen an. Whites Vater zog das Boot mit dem Fang zur Waage. Der Junge konnte den Fisch kaum bis zur Hüfte anheben, als er ihn auf die Waage hievte.

»42 Pfund und zwei Unzen (19 kg)«, sagte der Wiegemeister. White grinste über beide Ohren. So einen großen Fisch hatte noch niemand in der Familie gefangen.

Der Fisch wurde schockgefroren und zu einem Präparator in Whites Heimatstadt Seattle geschickt. Er identifizierte den Fang als Steelhead-Forelle – die größte die er jemals sah. Sie sollte bald als neuer Weltrekord registriert werden.

»Als sie mir sagten, daß es eine Steelhead wäre, war mir das ziemlich egal«, meinte White. »Ich dachte nur an die gewaltige Größe. Aber als ich von dem neuen Weltrekord hörte, war ich bestimmt das glücklichste Kind weit und breit.« White ist heute ein erwachsener Mann und sein All-Tackle-Weltrekord führt noch nach wie vor die Liste an.

# Das gigantische Seepferd

Kapitän John Vitalich begann seine Karriere 1929 als Profi-Skipper an Bord der Privatyacht *My Oh My*, die in der Bucht von Avalon auf Catalina Island vor Los Angeles lag. Er bereiste die Welt auf der Suche nach den großen Meeresfischen und erlebte unter anderem eine bemerkenswerte Saison, als er den berühmten Großfischangler Zane Grey fuhr.

Vitalich sah viele seltsame Dinge, aber nichts war vergleichbar mit dem, was er als Junge in den Gewässern vor Südkalifornien erlebte.

»Es geschah im Spätsommer 1927«, erzählte Vitalich. »Ich war 14 Jahre alt und fischte zusammen mit meinem Vater im Kanal zwischen den Inseln San Clemente und Catalina auf Albacores. Am Mittag herrschte ruhige See. Die Fische bissen nicht mehr, weshalb wir das Boot stoppten und uns treiben ließen.«

Im September freuten sich die Kalifornier noch über warmes Wetter. Vitalichs Vater ging unter Deck und wollte sich etwas hinlegen, während sein Sohn an Deck blieb. Er sollte nach Fischen und nahenden Booten Ausschau halten.

»Mein Vater schlief kaum zehn Minuten, als ein großes Säugetier etwa 25 Meter vor uns auftauchte. Es war kein Seelöwe oder See-Elefant, die ich beide schon kannte. Dieses Tier besaß große Augen und kleine Ohren, einen langen Hals und eine Kopfform, die der eines Pferds ähnelte. Es war glänzend schwarz und hatte einen dicken Körper.«

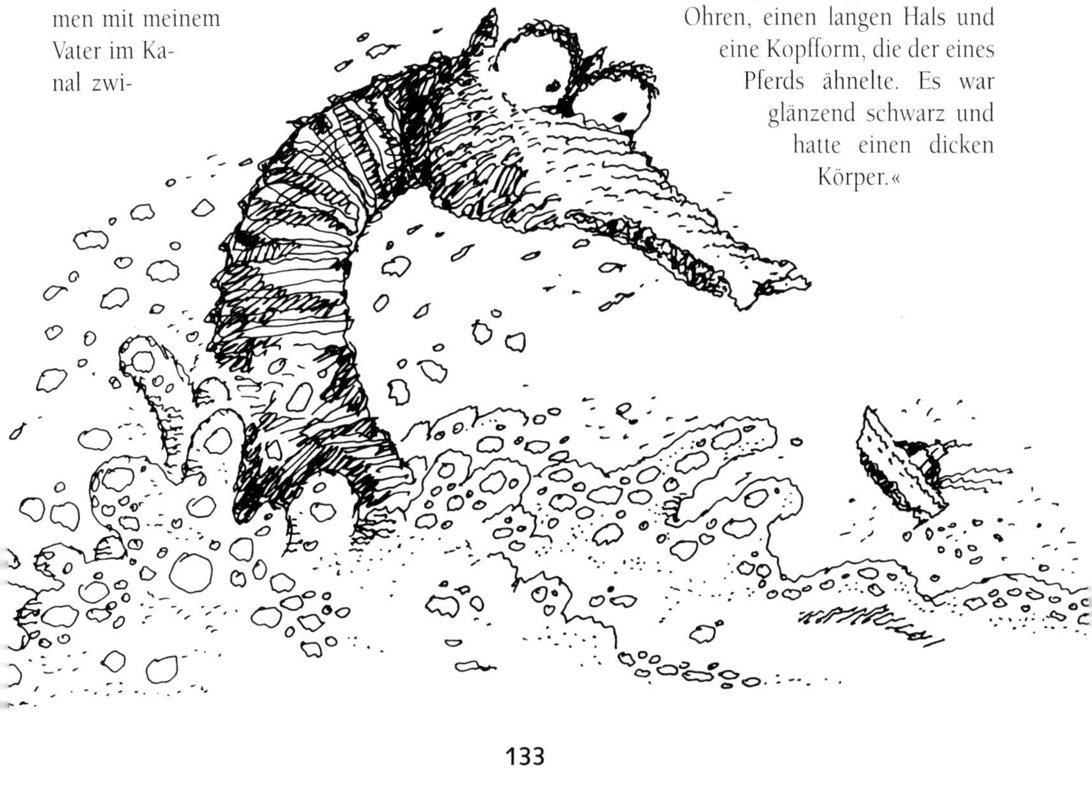

Vitalich rief nach seinem Vater, der schnell an Deck eilte. »Oh, das ist nur ein Seepferd«, erklärte er seinem Sohn. »Du mußt keine Angst haben. Vor einigen Jahren konnte ich schon eins am östlichen Ende von San Clemente beobachten. Es wird uns einige Zeit beobachten und dann wieder verschwinden.«

Das seltsam aussehende Wesen blickte tatsächlich einige Zeit zu den Fischern und tauchte dann ab. Vitalich setzte das Beobachten des Wassers fort.

Einige Jahre später in den frühen 30ern, reiste Vitalich mit seinem Freund Loren Grey an Bord des Passagierschiffs S. S. *Manganui*. Sie segelten von San Franzisko nach Tahiti zu Lorens Vater.

Auf der Reise traf Grey die Diva, die vor ihrer Arbeit an Bord in einer Oper auftrat. Er erzählte ihr vom Angeln auf den Blauen Marlin vor Tahiti und die Diva beschrieb ein ungewöhnliches Lebewesen, das sie von Bord einer Fähre aus bei San Franzisko beobachtete. Mehrere Passagiere konnten es sehen, aber niemand kannte die Art.

Später am Abend erzählte Grey die Geschichte Vitalich.

»Loren staunte«, erinnerte sich Vitalich. »Als ich ihm Jahre zuvor von meinem Erlebnis mit dem Seepferd erzählte, schüttelte er nur ungläubig den Kopf. Aber als ihm die Diva das gleiche Tier beschrieb, wußte er, daß etwas an der Geschichte dran ist.«

Vitalich hörte danach nie mehr etwas von dem mysteriösen Seepferd. Aber selbst 60 Jahre später konnte er sich noch lebhaft daran erinnern.

»Das Tier schien sehr friedlich zu sein«, sagte er. »Ich denke, es wollte uns noch länger beobachten, war aber zu ängstlich. Ich wußte nicht, was es war, aber es existierte.

Ich verbrachte ein ganzes Leben auf dem Wasser, aber so sehr konnte mich nichts mehr überraschen.«

## Wußten Sie schon?

***Der Schiffshalter genannte Fisch ist so stur und besitzt so einen festen Griff, daß ihn manche Fischer zum Fang von anderen Tieren einsetzen. Wenn zum Beispiel einheimische Kubaner eine Schildkröte entdecken, binden sie ein Lasso am Schwanz eines Remoras fest und lassen ihn ins Wasser. Da der Schiffshalter dringend einen Halt sucht, taucht er nach dem Reptil und hängt sich daran fest. Der Fischer wartet einige Sekunden und zieht seinen Helfer samt dem Fang nach oben.***

# Der Monster-Heilbutt

Es war ein angenehmer Sommertag in der Tutka-Bucht, die 24 Kilometer von der Kachemak Bay entfernt bei der Stadt Homer/Alaska liegt. Glenda Rosenbalm und ihr Mann beluden ihr sechs Meter langes Angelboot für ein kurze aber entspannende Angeltour in der Bucht. An Bord waren auch Bills Eltern, Ed und Kathy Hodgson.

Glenda rechnete damit, daß sie in einer Stunde zurück wären und ließ solange ein Hähnchen im Ofen brutzeln. Allerdings nahmen sie keine Waffe mit an Bord, die sie normalerweise immer für den Fangschuß auf einen Heilbutt mitnahmen.

»Wir wollten nur schnell aufs Wasser«, erinnerte sich Glenda. »Kathy und Ed waren auch schon aufgeregt, außerdem wären wir ja bald wieder daheim. Zu der Tour entschlossen wir uns von einer Minute zur anderen.«

In der Bucht stoppte Bill das Boot und setzte den Anker. Die Haken wurden beködert und auf den sandigen Grund in 24 Meter Tiefe hinuntergelassen. Nachdem eine halbe Stunde lang nichts passierte, dachte die Gruppe an die Rückfahrt zum Abendessen. Glenda nahm ihre Zwei-Meter-Rute und wollte die 80 Pfund tragende Leine einholen. Aber sie bewegte sich nicht.

»Ich vermutete einen Hänger«, meinte Glenda. »Gerade überlegte ich, was ich machen sollte, als ich eine seltsame Bewegung in der Rute fühlte. Ich zog noch einmal, aber es passierte nichts. Es war, als wenn man am Flügel eines Scheunentors zieht.«

Gerade wollte sie Bill um Hilfe bitten, als sich die Schnur erneut bewegte. Sie legte die Hand fester um die Rute, fühlte einen weiteren Zug und lehnte sich dagegen.

»Jetzt wußte ich, daß es kein Hänger war«, Glenda weiter. »Die Bewegung war langsam, weckte aber mein Interesse.«

Der gehakte Heilbutt bewegte sich nur wenig und um 18.30 Uhr zerrte Glenda noch immer an der Rute. Sie konnte den Fisch einmal vom Boden heben, aber nur kurz und um vielleicht einen Meter. Der Heilbutt schwebte kurz über dem Grund und schwamm dann in sein Loch zurück. Bill mußte zu keinem Zeitpunkt den Anker lichten.

Einige Berufsfischerboote ankerten in der Nähe und warteten auf die Eröffnung der Lachssaison am nächsten Tag. Schon bald bemerkten sie Glendas Lage und boten über Funk ihre Unterstützung an.

»Einer der Jungs fragte, ob wir ein Gewehr dabei haben. Als er hörte, daß unseres daheim lag, brachte er zuerst ein KK-Gewehr und später eines im weitaus stärkeren Kaliber .30-30 Winchester.«

Der Fisch hatte sich noch immer nicht weiter bewegt und Glenda konnte nicht mehr. Zögernd reichte sie Ed die Rute, der große Zuversicht zeigte. Er griff die Rute und pumpte mit aller Kraft – ohne Erfolg.

Ed ließ jedoch nicht nach und im Laufe der nächsten anderthalb Stunden kam der Fisch sogar einmal an die Oberfläche, kehrte dann aber wieder an den Grund zurück. Es war ein großer Fisch, der größte Heilbutt, den sie jemals sahen.

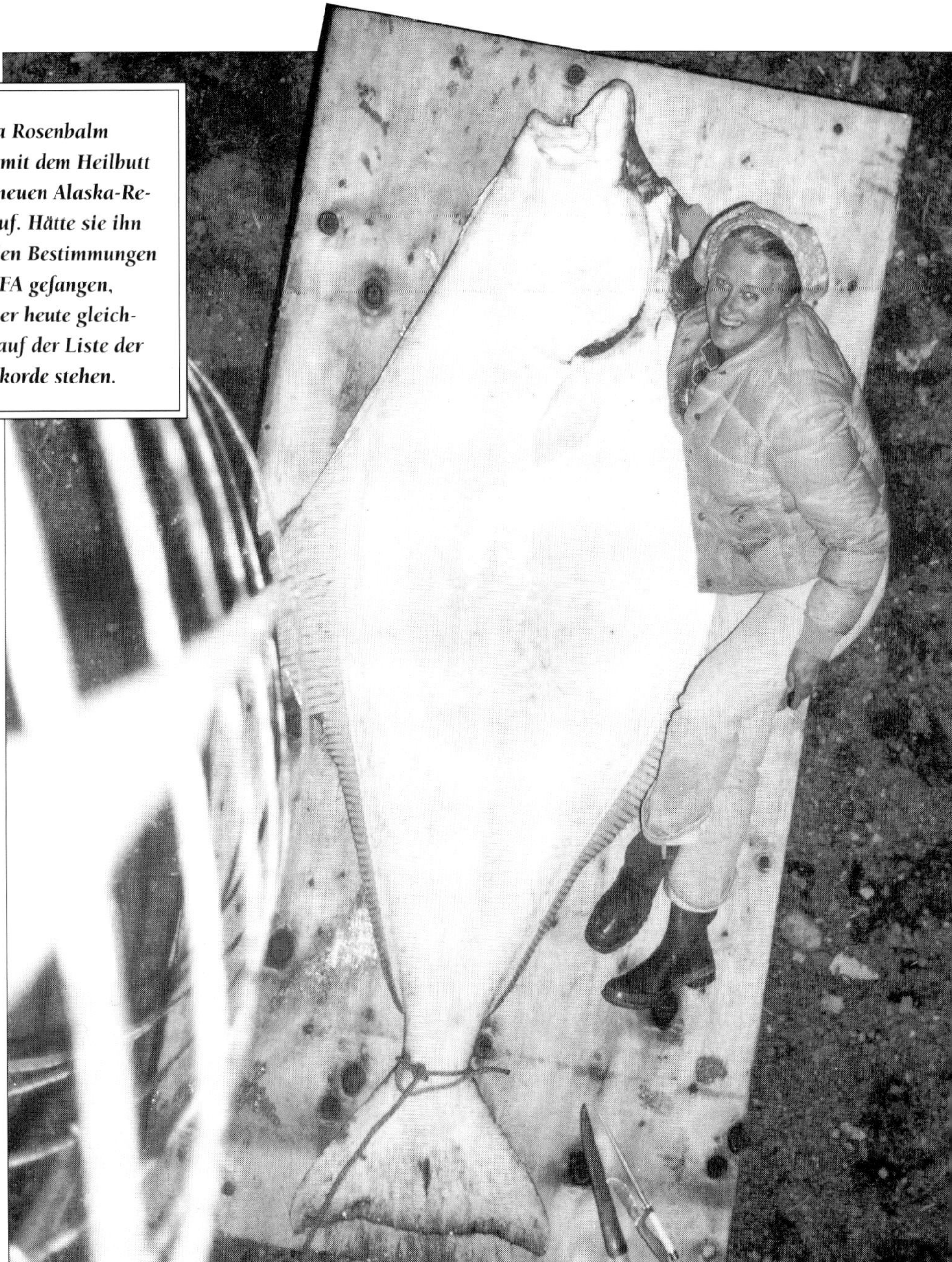

*Glenda Rosenbalm stellte mit dem Heilbutt einen neuen Alaska-Rekord auf. Hätte sie ihn nach den Bestimmungen der IGFA gefangen, würde er heute gleichzeitig auf der Liste der Weltrekorde stehen.*

Foto: Glenda Rosenbalm

Der Himmel zog sich mit einem unheimlichen Dunst zu, der die Nacht über anhielt. Ed arbeitete leidenschaftlich. Aber im Laufe der Stunden machte sich Frustration über die nutzlosen Anstrengungen breit. Glenda, die sich für den Fang verantwortlich fühlte, schlug eine neue und verzweifelte Strategie vor. Ed sollte die Bremse zudrehen und die Schnur einholen. Dann könnte der Fisch machen, was er wollte.

»Es war erstaunlich«, sagte Glenda. »Der gewaltige Heilbutt kam ohne Kampf nach oben. Er war offenbar wirklich müde. Jetzt kam er an die Oberfläche und blieb dort liegen.«

Ed hielt die Leine straff, während der Berufsfischer mit der .30-30 zielte und den Kampf beendete. Der Heilbutt wurde vertäut und dann vom Kran eines Berufsfischerboots hochgezogen. Glenda schaute ungläubig zu. Der Fisch war fast 2,70 Meter lang, 1,30 Meter breit und gut 15 Zentimeter hoch.

Nach einigen Gläsern wohlverdienten Biers an Bord des Berufsfischers band Bill den Fisch an das kleine Boot und die müde Besatzung fuhr in den Hafen. Sie kamen erst ein ganzes Stück nach Mitternacht an. Das Hühnchen war mehr als knusprig, aber das interessierte niemanden.

**Wußten Sie schon?**

***Eine Begegnung mit dem Saugnapf einer großen Krake hinterließ auf dem Körper eines Wals deutliche Wunden mit einem Durchmesser von 46 Zentimetern. Wissenschaftler untersuchten den toten Wal und schätzten die Länge der Krake auf erstaunliche 68 Meter.***

Am nächsten Tag benötigten Glenda und Ed sieben Stunden, um den Heilbutt zu zerlegen. Sie gewannen dabei über 200 Pfund Fischfleisch. Jeder Wangenmuskel, eine echte Delikatesse, wog eineinhalb Pfund.

Glenda entfernte den 50 Pfund schweren Kopf und brachte ihn zur örtlichen Jagd- und Fischereibehörde. Dort wurde ein Gehörknochen entnommen und nach Seattle an die Halibutt Commission geschickt. Die Untersuchung des Knochens zeigte, daß das weibliche Tier 30 Jahre alt war.

Den Maßen des Fisches entsprechend errechnete die Jagd- und Fischereibehörde ein Gewicht von 450 Pfund (204 kg). Wäre er nach den Richtlinien der International Game Fish Association nur von einem Angler bezwungen und nicht erschossen worden, hätte er einen neuen Weltrekord markiert.

»Im Drill dachten wir an keinen Rekord«, sagte Glenda. »Wenn ich gewußt hätte, wie groß der Fisch ist, dann wäre die Rute in meiner Hand geblieben und der Heilbutt nicht von einer Kugel getötet worden.«

Obwohl nicht als IGFA-Rekord anerkannt, qualifizierte sich der Fisch für die Rekordliste des Staates Alaska und steht noch heute an der Spitze.

# 36 zu 1 mit einem 1000pfünder

*Rinaldo Wenk fing 1983 einen 628 Pfund schweren Blauen Marlin am leichten 30-Pfund-Gerät. Das Verhältnis von der Tragkraft der Schnur zum Gewicht des Fischs betrug damit 20 zu 1, was viele für unschlagbar hielten. Doch dann wurde der Rekord an einem Hochsommer-Tag vor Kona/Hawaii um über 470 Pfund übertroffen.*

Der 25. Juni 1987 war der erste Neumond-Tag. Kapitän Kelley Everette und seine drei Mann starke Besatzung warfen die beiden Diesel des 12,5-Meter-Boots *Northern Lights* an. Sie hofften, einen Rekord-Marlin an leichtem Gerät zu fangen.

An diesem Morgen vertrat Everette seine Frau Jocelyn, die sich von einem Drill am Vortag erholte.

Carl Sloder, Everettes erster Maat, stand am Ruder. Scott Davidson, der Gaffmann, und Dominic Fredundes, der Mann für das Vorfach, standen mit Everette an Deck.

Am Vormittag verloren sie einen Marlin bereits beim Biß und angelten jetzt auf Köderfische. Sie fingen einen kleinen *Aku* und wollten gerade an den Platz des ersten Bisses zurückkehren. Doch Fredundes meinte, daß seinem Spürsinn nach ein Großfisch in der Nähe schwimmt. Er köderte den *Aku* an und ließ ihn 55 Meter hinter dem Heck schwimmen. Er behielt die Schnur lieber in der Hand, als sie im Outrigger einzuhängen.

Schon bald wurde der Köderfisch unruhig. Fredundes Augen verengten sich zu schmalen Schlitzen und beobachteten angespannt die Leine.

»Wir waren aufgeregt«, erinnerte sich Everette. »Wir spürten, daß Dominic etwas ungewöhnliches fühlte und der Blick seiner Augen deutete auf einen kurz bevorstehenden Biß hin.«

Schnell sprang Fredundes zurück und ließ die Schnur los. Die Leine durchschnitt das Wasser und Sloder fuhr rückwärts dem Fisch nach, während Everette Schnur gab.

Nachdem Sloder bis 10 gezählt hatte, gab er Vollgas nach vorn. Sofort verbog sich die Rute und Schnur raste von der kreischenden Rolle. Der Marlin sprang nicht, er tauchte statt dessen in die starken Strömungen im tieferen Wasser.

»Bleib dran, er ist groß!«, rief Everette.

Zwei Stunden vergingen. Sie wußten, daß der Marlin groß war. Aber reicht er für einen Rekord? Everette schob den Bremshebel nach vorn, bis sich die Leine wie eine Klaviersaite spannte. Nur etwas mehr Druck und sie würde reißen.

Schließlich tauchte der Wirbel auf. Everette stellte die Bremse fest und Fredundes griff nach dem Vorfach. Aber kurz vor dem Gaff schlug der Marlin mit dem Schwanz und versuchte freizukommen.

»Es ging so schnell«, sagte Everette. »Die Bremse war geschlossen und ich mir sicher, daß die Schnur bricht.«

Aber der Marlin flüchtete nicht und die Leine hielt. Everette stellte die Rolle auf Freilauf und wartete. Der Fisch durchbrach die Oberfläche und stieg in die Luft. Dabei verbrannte sich Everette den Daumen, mit dem er die Spule vor dem Überdrehen schützte.

»Er ist riesig!«, schrie er, als der Marlin zum dritten Mal sprang.

Sloder fuhr mit voller Kraft zurück. Der Marlin schwamm an der Oberfläche, zu müde zum Tauchen. Everette kurbelte so schnell es ging, damit die Schnur unter Spannung blieb, während Welle auf Welle über das Querholz aufs Deck klatschte.

Der Marlin tauchte an Backbord ab und kam an Steuerbord zur Oberfläche. Fredundes griff zum Vorfach und legte es schnell zweimal um seine linke Hand. Er zog die Schnur bis zu seiner Hüfte, wickelte sie nochmals um die Hand und so fort. Der Marlin kam in Reichweite, Davidson nahm das Gaff und setzte es in den Fisch.

Der Haken saß perfekt, konnte den Marlin aber nicht bremsen. Er tauchte unter das Boot und kam an Backbord wieder hoch. Davidson rannte über das Deck und hakte zwei weitere Gaffs in die breite Flanke.

Der schwere Fisch schüttelte sich gewaltig und schoß vom Boot weg. Plötzlich war ein lautes »pop« zu hören – das Vorfach war gerissen.

Jetzt hielten nur noch die drei Seile des Gaffs den Fisch. Sie dehnten sich unter dem gewaltigen Zug wie Gummibänder. Zwei Haken rissen aus und schossen auf das Boot zu. Beide zischten mit tödlicher Geschwindigkeit auf Davidson und Fredundes zu.

Davidson hielt inzwischen das letzte Seil fest. Everette lief zum unteren Steuerpult und forderte Sloder auf, ein neues Gaff zu holen. Sloder sprang von der Brücke und zwei weitere Haken sicherten den Fisch. Aber der Marlin gab keine Ruhe. Er kämpfte tapfer, riß wiederum ein Gaff heraus und zog das Boot rückwärts.

»Es war unglaublich«, meinte Everette. »So etwas hatte ich noch nicht gesehen. Wasser klatschte wieder über das Querholz, als Carl im Rückwärtsgang folgte.«

***Kapitän Kelley Everette (rechts) und seine Mannschaft – links Carl Sloder, Scott Davidson (vorn links) und Dominic Fredundes – mit ihrem Rekord-Marlin.***

Foto: Kapitän Kelley Everette

Davidson gaffte den Fisch zum sechsten

Mal und knüpfte das Seil ans Boot. Jetzt wurde der Marlin ruhig. Fredundes lehnte sich über Bord und packte den Marlin am Schwert, während Everette und Davidson ihren Kollegen an den Beinen festhielten und zuschauten.

»Dominic benötigte mit Carls Hilfe zehn Minuten, bis sie den Fisch gebändigt hatten. Erst jetzt konnten wir den Fisch ohne Gefahr an Bord ziehen. Entgegen meiner Schätzung paßte er ins Boot.«

Die abgekämpfte Mannschaft zog den Marlin durch die Tür im Heck. Er war so lang wie das Deck und fast einen Meter hoch. Ohne Warnung begann der Fisch in diesem Augenblick zu schlagen und zwang die erschrockene Besatzung in Deckung.

***» Der Marlin gab keine Ruhe. Er kämpfte tapfer, riß wiederum ein Gaff heraus und zog das Boot rückwärts. «***

»Nach der letzten Bewegung war es jedoch endgültig vorbei«, sagte Everette. »Dominic strahlte, als hätte er gerade eine olympische Goldmedaille gewonnen. Wir klatschten und freuten uns mit ihm. Denn der Fisch bedeutete mit Sicherheit einen neuen Weltrekord, wir konnten aber noch nichts zum genauen Verhältnis sagen.«

Im Hafen verbreitete sich schnell die Nachricht von dem Rekord. Kapitän Phil Parker, ein bekannter Skipper und Repräsentant der International Game Fisch Association (IGFA) fungierte an diesem Tag als Wiegemeister. Er schaute auf den Fisch, als er an der Waage hochgezogen wurde. »Der Weltrekord der Männer-Klasse beträgt momentan 628 Pfund an der 30-Pfund-Leine«, rief er der versammelten Menschenmenge zu.

Parker kletterte die Leiter an der Waage hoch und setzte den Schieber auf 628 Pfund, aber nichts bewegte sich. Die Zuschauer applaudierten. Langsam drückte Parker den Schieber in 100-Pfund-Stufen hoch, bis er auf 1028 Pfund stand. Noch immer nichts.

»Es ist ein Grander!«, rief Parker in die begeisterte Menge. Er erhöhte das Gewicht um weitere 100 Pfund und der Zeiger sprang nach oben. Er verminderte es wieder und stellte schließlich ein Gewicht von 1103 Pfund (500 kg) fest. Die Menge brach in unglaublichen Jubel aus. Noch niemand konnte einen Grander, wie die englischsprachigen Fischer einen 1000pfünder bezeichnen, am 30-Pfund-Gerät bezwingen. Es war der erste in der Geschichte des Angelns.

Zudem wurde der bisherige Rekord beinahe verdoppelt – kein Wunder, daß reichlich Champagner floß. Außerdem erwies sich Everette´s Fisch mit Ausnahme der höchsten Klasse als der schwerste, jemals nach IGFA-Bestimmungen gefangene Marlin.

In dieser Nacht kniete Everette neben seinem Bett und sprach ein kurzes Gebet. Vor zehn Jahren verlor er ein Bein. »Aber darüber habe ich mir während dem Drill keine Gedanken gemacht. Ich setzte mein Vertrauen in Gott und gab einfach mein Bestes.«

»Der Fang des Marlins war die Vollendung meiner Angler-Träume. Und einige Leute meinen, daß dieser Rekord wohl nie geschlagen wird – aber das sagten sie auch beim letzten.«

# Vom Ufo verfolgt

»Was zur Hölle ist das?!«, rief eine ängstliche Stimme über Funk.

Die ruhige See ließ die treibenden Angelboote sanft auf und ab schaukeln.

»Vor was hast du Angst?«, antwortete Kapitän Bruce Smith von der Brücke seines Charterboots *Lady Doreen*. Es war Nacht und Smith, einer der geachtetsten Big-Game-Skipper Neuseelands, angelte außerhalb der Bay of Islands auf Schwertfische. Zwei Angler schliefen auf dem unteren Deck und zwei Ruten mit Tintenfisch am Haken ragten über den Vordersteven.

Die Stimme antwortete. »Siehst du es nicht? In Richtung der Küste, direkt links neben der Matehei-Bucht!«

Smith stand auf, drehte sich um und blickte in die angegebene Richtung. Ein gewaltiger Streifen blitzender Lichter schwebte in der Ferne über dem Meer. »Keine Angst, Junge«, funkte er zurück. »Das ist nur ein Kreuzfahrtschiff mit eingeschalteter Deckbeleuchtung.«

Foto: Bernabe Carrizosa Reyes

***Dieses Seeungeheuer schwemmte das Meer 1973 fünf Kilometer nördlich von Cabo San Lucas ans Ufer. Ein bemerkenswerter Teil der Kreatur war ihre haarige Haut, die den ganzen Körper bedeckte. Das Wesen besaß einen Schwanz und eine Wirbelsäule, die einem Wal gehören könnten, aber keine hervorstehenden Körperglieder. Einheimische entdeckten die Überreste an einem einsamen Strand. Leider blieb nichts davon erhalten.***

Die Lichter begannen zu zittern. Sie schienen auf dem Punkt zu beben und zu wirbeln, um dann mit unglaublicher Geschwindigkeit an der Küste entlangzurasen, vorbei an der Takau-Bucht auf Rocky Point zu.

Smith beobachtete das Flimmern der dahineilenden Lichter, die schließlich den Horizont berührten und dann in einem pulsierenden, roten Glühen dahinter verschwanden. »Um Himmelswillen! Hast du das gesehen?«, stammelte er ins Mikrofon. »Ja...«, lautete die einzige Antwort.

Das rote Glimmen ging in Dunkelheit über und kurz darauf herrschte wieder der Friede der Nacht. Smith war froh, daß die Lichter verschwunden waren, setzte sich wieder hin und konzentrierte sich auf die Angelschnüre.

Plötzlich leuchtete der Himmel erneut auf. Smith sprang von seinem Sitz und sah dieselben blitzenden Lichter zurückkehren. »Sie kommen direkt auf uns zu!«, schrie er. »Wenn es ein Boot ist, wird es uns rammen!«

Die Lichter sausten auf die *Lady Doreen* zu, direkt über dem Wasser. Sie flatterten, als sie auf das Boot zukamen und teilten sich dann in einzelne Fenster auf. Smith dachte noch immer an ein heranrasendes Schiff und wies seinen Bootsmann an, den Scheinwerfer auf die Lichter zu richten.

»Vielleicht sehen sie uns nicht!«, rief er.

Der Mann drehte den Lichtkegel in den Himmel und ein Großteil der rasenden Lichter verschwand. Smith schaute auf den Radar-Schirm – nichts. Er rief den Kapitän der *Aquarius*, der die seltsamen Lichter zuerst sah.

»Mein Radar zeigt auch nichts an«, sagte der Skipper mit schwerer Stimme. »Das war garantiert kein Boot.«

Die Zeiger der Uhr standen auf kurz nach Mitternacht, aber es schien viel später zu sein. Niemand schlief in dieser Nacht, allerdings kehrten die erschreckenden Lichter nicht zurück. Kein Fisch ging an den Haken und im Morgengrauen wendeten die Skipper ihre Boote und fuhren nach Hause. Zum Glück war diese Nacht vorbei.

## Wußten Sie schon?

***Während der Paarungszeit ist die Haut weiblicher Haie doppelt so dick wie bei den männlichen. Das schützt sie vor den Zähnen der Männchen, die sie in ihrer Aufregung möglicherweise beißen, was gefährliche Wunden verursachen kann.***

# Der ganz Große

*Kapitän George »The Fox« Bransford hatte sich schon einige Zeit vom Big Game-Fischen zurückgezogen, als ich den Weg zu seinem Haus im australischen Queensland hinunterfuhr. Bransford stammte aus Florida, verbrachte fast sein gesamtes Leben als professioneller Skipper und fischte in vielen Gewässern der Welt. »The Fox« (Der Fuchs) war schon längst eine Legende.*

*Der erfolgreiche Fang von Australiens erstem 1000pfünder begann schon während dem Zweiten Weltkrieg. Die Armeeführung stationierte den Fallschirmjäger Bransford in der Kleinstadt Gordonville an der Nordostküste Australiens. Im Laufe der Übungsflüge hoch über der See begann er das Great Barrier Reef zu studieren.*

***Kapitän George Bransford (links) und Richie Obach mit dem Fisch, der Australien auf die Weltkarte der Großfischangler brachte. Der 1064 Pfund schwere Fisch war der erste vierstellige Schwarze Marlin, der in Australien an Rute und Rolle gefangen wurde.***

Courtey Cairns Game Fishing Club

*Den unternehmungslustigen Angler interessierte die starre, blaue Linie, welche die Kante des Riffs markierte. Er war sicher, daß sich hier die warmen Meeresströmungen mit dem nahrungsreichen Wasser des Riffs mischten und einen idealen Lebensraum für große Raubfische bot – und zwar für eine ganze Menge.*

*Bei jeder Gelegenheit fuhr er in die Hafenstadt Cairns, wo das Riff der Küste am nächsten liegt. Er beobachtete die Boote, die vom Makrelenfischen in den Hafen einliefen, und unterhielt sich mit den Fischern. Sie beklagten sich alle über eine Sache: Die großen, bedrohlichen Fische, die ihre Makrelen angriffen.*

*Genau danach suchte Bransford. Er beschloß zurückzukehren und sich einen Traum zu erfüllen.*

**» An diesem Tag waren keine Chartergäste an Bord. Die beiden nutzten ihn zum Erkunden eines neuen Gebiets und fuhren zur Kante des Riffs, wo die Kontinentalplatte über 50 Kilometer vor der Küste steil abfällt. «**

Erst 20 Jahre später, im Jahr 1964, reiste er wieder nach Cairns. Er suchte die inneren Riffe nach schwerttragenden Fischen ab, zunächst ohne Erfolg. Bransford hatte sein Haus in den USA verkauft, war mit seiner Familie umgezogen und setzte alles auf eine Karte. Jetzt benötigte er dringend Ergebnisse.

Endlich fing er am 25. November wenigstens einen kleinen, 35 Pfund schweren Schwarzen Marlin. Und Anfang 1965 landete seine Frau Joyce den bis dahin größten in Australien gefangenen Schwarzen Marlin von 252 Pfund. Der Fang reichte aus, das Interesse der Bevölkerung für ihr neu gegründetes Charterunternehmen zu wecken – das erste seiner Art entlang der Küste.

Am 28. September 1965, fast ein Jahr nach dem ersten Marlin, zog es Bransford und seinen Helfer Richie Obach auf die offene See hinaus, weit vor das eigentliche Riff. An diesem Tag waren keine Chartergäste an Bord. Die beiden nutzten ihn zum Erkunden eines neuen Gebiets und fuhren zur Kante des Riffs, wo die Kontinentalplatte über 50 Kilometer vor der Küste steil abfällt. Frische Köder wurden montiert und an der Oberfläche geschleppt. Bis zum frühen Nachmittag fanden jedoch nur einige kleinere Arten den Weg in die Fischkiste.

Dann tauchte aus dem Wasser ein gewaltiger, schwarzer Spieß auf. »Marlin!«, schrie Bransford. Sein Herz hämmerte wild, als der Fisch den Köder mit beängstigender Gewalt schnappte. Die 80-Pfund-Leine schnappte aus dem Klip des Outriggers und raste von der Rolle. Der Körper des Marlins erbebte und das Tier tauchte ab.

Aber sofort explodierte die Oberfläche. Der Marlin erhob sich aus dem Wasser und warf seinen Kopf von einer Seite auf die andere, um sich vom Haken zu befreien. Er klatschte ins Meer zurück und wieder kreischte die Rolle in den höchsten Tönen. Jetzt wurde Angelgeschichte geschrieben.

Obach hielt die Rute und folgte Bransfords Anweisungen. Er war jung und stark und wollte den Monster-Fisch unbedingt bezwingen.

»Laß´ ihn nicht ausruhen!«, rief Bransford. »Gib´ alles, was du hast und dann ... noch mehr Druck, Richie – jetzt mußt du es ihm zeigen. Du darfst ihm keinen Zentimeter geben!«

Sie arbeiteten gemeinsam, sprachen ständig miteinander und konzentrierten sich voll auf den Drill. Erst nach zwei Stunden ermüdete der Fisch. Obach pumpte ein letztes Mal und das Vorfach berührte die Rutenspitze. Er steckte die Rute in den Halter und gaffte den Fisch.

Er war groß, wenigstens 700 oder 800 Pfund schwer. Sie versuchten ihn an Bord zu ziehen, was sie jedoch nicht schafften. Sie konnten ihn nur am Heck festbinden und ihn zur Küste schleppen.

Inzwischen brach die Nacht herein, sodaß sie auf dem tückischen Heimweg im Mondlicht navigieren mußten. Langsam bewegten sie sich durch das Netz der flachen Riffe zum Hafen. Vor zwei Stunden meldeten sie ihren Fang über Funk, weshalb sie jetzt eine unüberschaubare Menschenmenge erwartete. Aber es war schon spät und die Waagen hatten geschlossen, weshalb sie den Marlin in einem Kühlhaus lagerten. Das Wiegen würde nicht vor dem Morgen stattfinden.

Ein Lastwagen fuhr den Marlin bei Tagesanbruch durch die Stadt zu den geeichten Waagen am Bahnhof. Die Menschen versammelten sich wieder und brachen in Jubel aus, als der Zeiger der Waage erst bei 1064 Pfund (482 kg) stehenblieb. Es war der erste in Australien gefangene Grander (1000-pfünder) und bedeutete gleichzeitig einen neuen Weltrekord. Der Schwarze Marlin war fast 4,80 Meter lang und besaß einen Umfang von 206 Zentimeter.

***» Sein Herz hämmerte wild, als der Fisch den Köder mit beängstigender Gewalt schnappte. «***

Die Mühe hatte sich gelohnt und Bransfords Traum erfüllte sich.

# 1000 Pfund gegen den Flugzeugträger

*Es war ein wunderbarer Morgen auf der Insel. Ich ging zur Honokohau-Pier und traf Kapitän George Parker. Er zählt zu den berühmten Skippern und fing 1954 den ersten 1000pfündigen Blauen Marlin des Pazifiks mit Rute und Rolle.*

*Er hatte ein Charterboot für einen halben Tag gebucht und lud mich zu der Ausfahrt ein. Nach Monaten der Forschung ohne zu Fischen war das eine willkommene Gelegenheit. Wir legten vom Hafen ab und begannen nach dem Auslegen der Schleppköder über den großen Fisch zu sprechen.*

Im Jahr 1954 steuerte Parker sein 17 Meter langes Boot *Mona H* von seinem Haus im hawaiianischen Kona aus über die windige Meerenge zu einem Trockendock in Honolulu, das auf der Nachbarinsel Oahu liegt.

Um fünf Uhr nachmittags passierte er Koko Head. Er schleppte bei dieser Gelegenheit drei Kunstköder, die er aus chromglänzenden Handtuchhaltern fertigte und mit Holz füllte. Rote Kabelmäntel aus einem Auto imitierten Tintenfischarme und zwei geschärfte Haken sollten sicher im Fischmaul fassen.

Parker freute sich über seine Angeltour und beobachtete nebenbei einen nahen Flugzeugträger, wo die Piloten mit ihren Maschinen die Starts und Landungen auf dem weiten Deck übten. »Ich vergaß darüber ganz das Fischen«, erinnerte sich Parker. »Das Training der Navy nahm meine ganze Aufmerksamkeit in Anspruch. Völlig unerwartet kreischte eine der Rollen auf. Ich rannte ans Heck, holte die beiden anderen Schnüre ein und ließ das Boot mit Vollgas nach vorn preschen.«

Die Schnurreserve nahm rapide ab und Parker nahm die gebogene Rute mit ans Steuerpult. »Als ich gerade die Gashebel auf Rückwärts stellen wollte, sprang der Fisch wenigstens 100 Meter vor dem Boot. Er war einen Bogen geschwommen und überholte mich. Jetzt sah ich auch seine gewaltige Größe.

Parker wußte, daß er die Schnur zu straffen hatte, aber das Boot reagierte zu langsam. Deshalb stellte er die Maschinen auf Leerlauf, löste die Rollenbremse und ging mit der Rute um das Boot herum. »Die einzige Schwierigkeit außer dem Balancieren bestand darin, daß ich die Rute um die Kabinenpfosten herum von einer Hand in die andere reichen mußte. Zum Glück bekam ich die Schnur schon nach einer Runde frei.«

Auf dem Deck der *Mona H* waren an einer hölzernen Bank drei Rutenhalter befestigt. Parker beendete seine Runde, steckte die Rute in eine Halterung und begann den Fisch zu drillen. Dann sah er die Navy.

**Wußten Sie schon?**

***Der am weitesten geschwommene, markierte Hai legte etwas über 6000 Kilometer zurück. Der Blauhai wurde vor New York markiert und 16 Monate später vor Brasilien wiedergefangen.***

***Kapitän George Parker mit dem 1002 Pfund schweren Blauen Marlin, den er 1954 fing. Es war der erste 1000pfündige Blaue Marlin, der mit Rute und Rolle im Pazifik gefangen wurde.***

Foto: Kapitän George Parker

»Zum Flugzeugträger hatte sich inzwischen ein Zerstörer gesellt und beide würden hinter dem Bootsheck vorbeifahren – nahe genug, um meine Schnur zu zerreißen. Ich saß fest und konnte nicht das geringste dagegen tun. Ich konzentrierte mich deshalb auf meinen Fisch, verfluchte die Navy und hoffte darauf, daß die Leine tief genug verlief und die Schrauben verfehlte.«

Wie auch immer – die Navy fand das überhaupt nicht lustig. Die Flugzeuge landeten ganz in der Nähe und ein kleines Freizeitboot war hier fehl am Platz.

»Ich hörte den Funkspruch des Navy-Funkers, daß ich das Gebiet verlassen soll«, sagte Parker. »Als ich meine Position beibehielt, schickten sie einen Hubschrauber los, dessen Pilot mich persönlich zum Verschwinden bewegen sollte. Ich werde nie das Gesicht des Fliegers vergessen, der hellauf bei dem Anblick lachte, wie ich stur den Fisch auf ihrer Route drillte.«

Der Hubschrauber flog zurück und die Navy änderte ihren Kurs.

Die Dämmerung brach herein und die *Mona H* war in Honolulu längst überfällig. Über Funk meldete sich ein besorgter Freund. Parker ging mit der Rute zum Funkgerät und erklärte die Situation. Der Freund bot sofort seine Hilfe an und war kurz darauf schon unterwegs.

»Es war nicht sehr weit von Honolulu«, meinte Parker. »Trotzdem benötigte er eineinhalb Stunden bis zu mir. Er verwendete auf seiner Suche sein Funkpeilgerät und konnte meine Position nur mit viel Mühe bestimmen. Während dieser Zeit lief ich immer wieder mit der Rute in der Hand zum Funkgerät und gab ihm die nötigen Funksignale. Dabei klemmte ich mir die Rute zwischen den Beine.«

Als der Freund schließlich eintraf, war Parker bereits rund 13 Kilometer vom Ort des Bisses in ein Gebiet vor Diamond Head abgetrieben.

»Aber erst in der Nähe des Royal Hawaiian Hotels wurde der Marlin langsam müde«, meinte Parker. »Er kreiste einige Zeit, bevor er an die Oberfläche kam. Wir hörten seinen Schwanz im Wasser platschen und richteten unsere Taschenlampen in die Dunkelheit. Der

Fisch trieb kieloben im Wasser. Seine Schwimmblase war gefüllt und ich wußte aus Erfahrung, daß ich das Boot nur in der Strömung vor den Fisch legen mußte, damit er genau auf uns zutreibt.«

***» Zum Flugzeugträger hatte sich inzwischen ein Zerstörer gesellt und beide würden hinter dem Bootsheck vorbeifahren – nahe genug, um meine Schnur zu zerreißen. «***

Der Marlin tat mehr als das. Obwohl er abgekämpft war, raste er in das Heck und bohrte sein Schwert durch das Querholz.

Parker steckte die Rute in den Halter und gaffte den Fisch auf jeder Seite einmal. Zusätzlich band er ein Seil am Schwert fest und nahm Kurs auf Honolulu.

Der Fisch war bei einem Umfang von 193 Zentimeter 5,1 Meter lang. Ein Transporter zog den großen Marlin schließlich aus dem Wasser, allerdings waren die Waagen Sonntag abends um neun Uhr schon geschlossen.

Erst am nächsten Tag kam der Fisch auf die Waage. Unglücklicherweise verlor er über Nacht durch Austrocknung etwa zehn Prozent Gewicht, wog aber trotzdem noch eindrucksvolle 1002 Pfund (454 kg). Das bedeutete einen neuen Weltrekord. Darüber hinaus war es der erste Blaue Marlin der 1000-Pfund-Klasse, der im Pazifik mit Rute und Rolle gefangen wurde. So dachte Parker wenigstens.

»Francisca LaMont führte die Rekordliste der International Game Fish Association und sie hatte gerade ein Buch geschrieben, in dem sie behauptete, daß im Pazifik keine Blauen Marline leben. Sie sagte, daß sich die Bestände auf den Atlantik beschränken, weshalb unser Fisch als Schwarzer Marlin eingestuft wird. Es war garantiert kein Schwarzer Marlin, aber ich konnte ihre Meinung nicht ändern.«

Parker bestand trotzdem auf seiner Ansicht. Er war sich des Blauen Marlins absolut sicher und fünf Jahren später erkannte die IGFA den Weltrekord unter der neuen Bezeichnung »Pacific Blue Marlin« an – nach endlosen Diskussionen und Schriftwechseln. Der Rekord wurde rückwirkend für die vergangenen fünf Jahre registriert und blieb zehn weitere Jahre bestehen.

# Ein Tag der Weltrekorde

Jack Erskine, der Besitzer des international unter seinem Namen bekannten Angelladens, fuhr in der Hoffnung auf einen Weltrekord aus dem Hafen von Cairns/Australien.

»Die IGFA hatte gerade die neue Zwei-Kilogramm-Schnurklasse auf den Schwarzen Marlin ausgeschrieben«, sagte Erskine. Bisher konnte niemand einen dieser Fische an derart leichtem Gerät landen. Deshalb rief ich Kapitän Laurie Woodbridge an und fragte ihn, ob wir es gemeinsam versuchen sollten.«

Er wollte dabeisein und die beiden trafen sich auf Woodbridges Boot, der *Sea Baby II*. Sie wollten Meeräschen ohne Haken als Lockköder (Teaser) an starken Leinen schleppen und die Räuber auf diese Weise möglichst nahe ans Boot locken. Dann würde Erskine einen frischen Köder zum Fisch werfen, Schnur freigeben und ihn dann zu haken versuchen.

»Wir durften nur wenig Druck auf den Fisch ausüben«, erinnerte sich Erskine. »Die Zwei-Kilo-Leine erlaubt keinen Fehler. Unsere andere Sorge betraf das Vorfach. Denn die Helfer waren Experten im Umgang mit Gaff und Vorfach. Aber sie konnten so lange nicht fest am Vorfach ziehen, bis der Fisch fest am Haken hing. Außerdem mußte das Gaff beim ersten Versuch sitzen, sonst würden wir den Fisch bestimmt verlieren.«

Die Strategie funktionierte fast fehlerlos. Von neun gehakten Fischen konnten sie an diesem Tag vier landen, drei wurden zurückgesetzt und zwei gingen im Drill verloren. Bemerkenswerterweise erwies sich jeder gefangene Fisch gegenüber dem vorangegangenen als etwas größer, weshalb jeder einen neuen Weltrekord aufstellte. Am Ende des Tages konnten die Angler auf vier Rekorde blicken. Später im Jahr angelte Erskine vor der Insel Bribie in Queensland und fing einen weiteren, 72 Pfund und 12 Unzen (33 kg) schweren Schwarzen Marlin am Zwei-Kilo-Gerät. Der bis heute bestehende Weltrekord schlug den bisherigen Spitzenreiter um fast 30 Pfund.

***Ein Sprung in die Geschichte. Alfred Glassell jr.´s 1560 Pfund (707 kg) schwerer Weltrekord-Black Marlin. Der Fisch – 1953 gefangen – ist noch immer der größte Marlin auf der Rekordliste.***

Foto: Alfred Glassell jr.

# Der größte Süßwasserfisch

An einem späten Samstag-Vormittag kamen Joey Pallotta und ein Freund am Bootsanleger von Benicia in Kalifornien an. Sie kauften ein Glas Garnelen im Angelladen und stiegen in Joeys Boot. Sie steuerten nach Westen durch die Carquinez Strait auf die Bucht von San Franzisko zu.

„Der Wind blies heftig über die Bucht« erzählte Pallotta. »Deshalb fuhren wir gleich in die Carquinez Strait zurück. Auf dem Weg sah ich einen Fisch springen. Das Wasser war hier außerdem ziemlich tief und mir gefiel das Gebiet. Nach dem Ankern köderten wir die ersten Garnelen an.«

Zehn Minuten lang passierte nichts. Pallottas Augen suchten ständig die Wasseroberfläche ab, die Rute jedoch immer im Blickfeld. Als eine sanfte Windböe das Boot etwas schüttelte, begann die Rutenspitze leicht zu wippen. Es war das typische Pumpen eines Störs am Köder. Pallotta nahm die Rute vorsichtig aus dem Halter und wartete.

»Es war ein Selbstmörder«, meinte Pallotta. »Als ich die Rute in der Hand hielt, erwartete ich noch eine dritte oder vierte Pumpbewegung, aber dieser Fisch zog sofort los.«

Pallotta lehnte sich mit der Rute zurück und trieb den Haken damit tief in das ledrige Maul des Störs. Der Fisch schwebte in Grundnähe und kam dann etwa 50 Meter entfernt an die Oberfläche. Er sprang, fiel mit lautem Klatschen ins Wasser zurück und tauchte dann wieder zum schlammigen Boden hinunter. Pallotta sorgte sich um die Schnur, die schnell von der Spule raste. »Die Gezeitenströmung zog den gewaltigen Fisch in die Bucht. Wir bekamen jetzt echte Schwierigkeiten und schnitten das Ankerseil durch. Der Fisch schleppte das Boot hinterher. Er war stark und in den ersten beiden Stunden konnte ich keine Schnur gewinnen.«

Schließlich wechselte die Tide und der Stör schwamm wieder in die Carquinez Strait zurück. Pallotta kämpfte schon mit vielen Stören, aber so etwas hatte er noch nicht erlebt.

»Ein guter Freund, Tom Galakeler, fischte in der Nähe«, sagte der Angler. »Er besaß ein größeres Boot und bot mir an, den Drill von dort aus fortzusetzen.«

Es näherten sich weitere Boote mit Anglern, die den Monster-Stör sehen wollten. Pallottas Leine stieg erneut in Richtung Oberfläche. Der Fisch sprang zum zweiten Mal – es war gigantisch.

»Nach dem Sprung begann er richtig zu kämpfen«, sagte der Fischer. »Er unternahm eine ganze Reihe von Fluchten um das Boot herum. Wir zogen ihn auf das Flachwasser zu und er wollte in die Bucht hinaus. Scheinbar konnte keiner gewinnen.«

Langsam gab die Rolle auf. Die Bremse überhitzte immer mehr und zwang Pallotta, kühlendes Wasser über die Spule zu schütten. Galakeler paßte inzwischen auf die Schnur auf und hielt die Maschine im Leerlauf, damit der Stör das Boot ziehen mußte.

Der Fisch kam 13mal an die Oberfläche, jedoch immer außerhalb der Reichweite des Gaffs. Gegen 20.15 Uhr war es jedoch vorbei.

»Er kämpfte hart am Gaff, aber wir hielten fest«, sagte Pallotta. Als er zu schlagen aufhörte, banden wir ihn am Heck fest. Das Boot

*Joey Pallotta mit seinem Rekordstör, der wohl für immer in den Rekordbüchern steht.*

Foto: Joey Pallotta

war vier Meter lang und der ausgestreckte Stör erreichte das Maß ohne Probleme.«

Der Rekordfisch lebte noch und der Bootsanleger war nur fünf Minuten entfernt. Als sie ankamen, rannte Pallotta zum nächsten Telefon und rief im Steinhart-Aquarium an. Er wollte den Fisch wenn möglich leben lassen. Aber der Biologe des Aquariums zeigte kein Interesse. Pallotta stand jetzt vor einer schwierigen Entscheidung.

***» Ich wußte, daß ich wohl nie wieder so einen Fisch fangen würde. Andererseits wollte ich ihn zurücksetzen. «***

»Es war hart. Ich wußte, daß ich wohl nie wieder so einen Fisch fangen würde. Andererseits wollte ich ihn zurücksetzen. Er war groß und alt und hatte schon viel erlebt. Ich fischte fast mein ganzes Leben lang und die Störe lagen mir sehr am Herzen. Zum Schluß entschied ich trotzdem, daß ich den Rekord verdient hätte und der Fisch durch den Eintrag in die Rekordbücher ewig weiterlebt.«

Als nächstes rief Pallotta die örtliche Jagd- und Fischereibehörde an. Das Gewicht seines Fangs mußte auf einer geeichten Waage festgestellt werden, aber das Gerät in Benicia trug nur 300 Pfund. Der Vertreter der Behörde riet ihm, es bei einer LKW-Waage in den umliegenden Städten zu probieren. Pallotta und Galakeler stemmten den Fisch auf Galakelers Lastwagen und fuhren um 23 Uhr nach Fairfield, das eine Dreiviertelstunde entfernt lag. Leider waren die Waagen geschlossen.

Dann versuchten sie ihr Glück bei der C&H Zuckerraffinerie in Crockett, eine weitere halbe Stunde zu fahren. Aber die Hygienevorschriften des Staates untersagten das Wiegen des Fischs auf ihren Anlagen.

Frustriert, müde und ohne eine weitere Idee fuhren die beiden Angler zum Haus eines Freunds in der Nähe.

»Seine Frau kannte jemand, der am Bahnhof arbeitete. Sie rief ihn um 2.30 Uhr morgens an, aber er war trotz der frühen Stunde bereit, den Fisch zu wiegen.«

Obwohl der Stör bereits einige Stunden in der schwülen Luft trocknete, brachte er noch immer eindrucksvolle 468 Pfund (212 kg) auf die Waage. Pallotta und Galakeler brachten den Fisch in einer Gefrierkammer unter und warteten auf den neuen Tag.

Am nächsten Morgen verständigten sie die Medien und bald darauf wollten Scharen von Reportern und Fotografen den Fänger des größten Süßwasserfischs der Welt sehen.

»Wir hängten den Fisch an eine Waage im Ort, die jedoch zusammenbrach«, erzählte Pallotta. Jetzt kam es zu einem regelrechten Blitzlichtgewitter und jeder versuchte mich etwas zu fragen. Es war wirklich aufregend.«

Pallotta filetierte den Fisch und spannte die Haut zum Trocknen auf. Zuvor wurde ein Abdruck genommen, dessen erster Abguß heute über Pallottas offenem Kamin hängt. Ein Foto in Postergröße schmückte später das Wohnzimmer und ein weiterer Abzug ist im Angelladen seines Wohnorts zu sehen.

Mittlerweile wurde zum Schutz der Störe eine Maximalgröße festgelegt, bis zu der ein Fisch höchstens mitgenommen werden darf. Damit ist Pallottas Spitzenposition in den Rekordbüchern gesichert. Und bis sich die Bestimmung ändert, wird der große Stör ewig leben, so wie es sich Pallotta wünschte.

# Eine Hommage an die Fische

Es gehörte auf meiner Suche nach Angelgeschichten einfach dazu, daß ich erfuhr, wie außergewöhnlich das Fischen einmal war. In einer Zeit, als wir die Seen und Flüsse noch nicht mit faulen, domestizierten Fischen besetzten, in der sich viele Marline in der Dünung sauberer Meere sonnten; in der ein Schwertfisch nichts Besonderes war und Thunfische fast als Plage galten.

Ich beneide Zane Grey um seine grenzenlosen Forellenflüsse, Ernest Hemingway um seinen reichen Golfstrom. Ich sehne mich nach den Tagen, als die Fische zu groß zum Fangen waren und zu zahlreich, um Raubbau an ihnen zu betreiben.

*Bin ich Angler – oder was?* habe ich geschrieben, um einige der ungewöhnlichsten Momente des Fischens festzuhalten. Ich sehe darin kein Schlußwort, sondern eher eine Einführung. Ich hoffe, daß wir zukünftigen Generationen nicht von längst ausgestorbenen Schwarzbarschen, von den großen Tümmlerherden, die nicht mehr am Horizont springen oder von Flüssen und Seen erzählen müssen, dessen Fische man einst essen konnte.

Die nachfolgend aufgeführten Verbände haben sich dem Freizeitangeln gewidmet. Jeder einzelne schützt unser liebstes Hobby und sie alle benötigen Ihre Hilfe. Ich empfehle Ihnen, wenigstens einem beizutreten. Die Zukunft der Angelei hängt davon ab.

Denken Sie immer daran, daß es nicht auf den gefangenen Fisch ankommt, sondern auf die Geschichten, die Sie am Ende des Tages erzählen können.

**International Game Fish Association (IGFA)**
1301 E. Atlantic Blvd.
Pompano Beach, FL 33060
USA
(001) 305-941-3474

**European Federation of Sea Anglers (EFSA)**
Peter Lobs
Flevostraat 56
NL - 1315 CD Almere
( 0031) 365-330637
Sektion Deutschland / Hans Mehlhop
Hessenstraße 25
65824 Schwalbach/Taunus
(06196) 81741

**Verband deutscher Sportfischer (VDSF)**
Siemensstraße 11-13
63071 Offenbach
(069) 855006

**Deutscher Angler Verband (DAV)**
Weißenseer Weg 110
10369 Berlin
(030) 97104379

**Österreichischer Sport- und Fischereiverband (ÖS und FV)**
Laudongasse 16
A-1082 Wien
(0043) 1-4084629

# Danksagungen

Ich möchte mich herzlich bei allen Fischern bedanken, die ihren Beitrag zu diesem Buch leisteten. Mein ganz besonderer Dank gilt Doug McFetters, Kapitän Dennis »Brazakka« Wallace, Kapitän Mike »Beak« Hurt, Dr. Hal Neibling, Jim Rizzuto, Terry Snow, Dale Gullicksen und Mike Leech von der International Game Fish Association. Ich kann ihnen gar nicht genug für die Hilfe bei der Verwirklichung dieses Buchs danken.

Ich danke Keith Graham aus Australien und Malcolm McGeorge aus Neuseeland, die mir beim Aufspüren von Geschichten in den Ländern halfen, in denen ich nur ein unbekannter Gast war. Und nicht zu vergessen Jared Lee, dessen originelle Illustrationen Humor und Freude in das Buch brachten. Danke für deine Arbeit, die es für uns alle zu einem Genuß machte.

Zum Schluß möchte ich auch meinen amerikanischen Verleger Peter Workman, meine Redakteure Sally Kovalchick und Lynn Strong sowie Paul Hanson für seine Gestaltung des Buchs würdigen. Vielen Dank im Namen aller Fischer.

# Bücher rund um den Angelsport

Housby, Trevor u.a.
**Angeln**
Die Enzyklopädie. Das umfassende Standardwerk zu allen Aspekten der Süß- und Salzwasserfischerei, einfach verständlich mit vielen Tips und Informationen über Fanggebiete, Fische, Technik und Ausrüstung.
288 S., mehr als 2000 Farbabb., geb.
**DM 78.–/SFr. 72.–/öS 569.–**
Bestell-Nr. **41162-6**

Cederberg, Göran (Hrsg.)
**Fliegenfischen**
Die Traumgewässer der Welt
166 S., 137 Farbabb., geb.
**DM 59.-/SFr. 54,50/öS 431.-**
Bestell-Nr. **41080-0**

Limouzin, Henri u.a.
**Süßwasser-Angeln**
Alle Techniken in Wort und Bild ,
220 S., 264 Farbabb., geb.
**DM 79.-/SFr. 73,-/öS 577,-**
Bestell-Nr. **41064-6**

Cederberg, Göran (Hrsg.)
**Das große Buch vom Sportfischen**
2. Aufl., 284 S.,
mehr als 300 Farbabb., geb.
**DM 89.-/SFr. 82.-/öS 650.-**
Bestell-Nr. **40966-4**

**VERLANGEN SIE UNSEREN SPEZIAL-PROSPEKT**

Cederberg, Göran (Hrsg.)
**Das große Buch vom Fliegenfischen**
237 S., mehr als 300 Farbabb., geb.
**DM 89.-/SFr. 82.-/öS 650.-**
Bestell-Nr. **41010-7**